Philippa Brenner

Eine Geschichtenstunde

Hallo, lieber Gott, bist du zuhause?

Roman

Herstellung und Verlag:
BoD – Books on Demand, Norderstedt,
Jänner 2015

ISBN 978-3-7347-3126-6

Wer frei von Hass ist gegen alle Wesen, sich freundlich zeigt und gütig gegen alle, wer frei ist vom selbstsüchtigen Ego und frei von Habgier, wer ausgeglichenen Geistes bleibt in Freud und Leid, wer stets vergeben kann und stets zufrieden ist.

Wer regelmäßig Yoga (Gebet) übt und sich um Kenntnis seines SELBST bemüht, damit er mit dem Geist verschmelzen kann, wer die Welt nicht stört und wen die Welt nicht stören kann, wer frei von Überschwang und Eifersucht, von Argwohn ist, wer frei von weltlichen Wünschen ist, wer rein ist an Geist und Körper, wer stets zur Tätigkeit bereit ist.

Wer jedem eigennützigen, selbstsüchtigen Wunsch entsagt, wer sich ruhig und gelassen verhält gegenüber Freund und Feind, bei Bewunderung und Beleidigung, bei Hitze und Kälte, bei Lust und Leid.

Wer keine Bindungen mehr hat, wem Lob und Tadel nichts bedeuten, wer ruhig bleibt und leicht zufrieden ist, von friedlicher Gesinnung und voller Andacht ist,

der ist Mein Jünger und Mir (Gott) lieb.

Die Bhagavad-Gita
Paramahansa Yogananda

Inhaltsverzeichnis

Geburt und Kindheit 7
Die wilden Jahre 27
Die Plantage 41
Der Heilige 51
Die Einsicht 93
Der Himmel 102
Die Hölle 123
Die Erinnerung 133
Das richtige Gebet 136
Das Studium 152
Der Prophet 165
Die Visionen 177
Die aufgehenden Sonnen 184
Die Reise 189
Der Helm 205
Epilog 216

Geburt und Kindheit

Ich wurde am ersten Jänner geboren. Die Jahreszahl kann ich leider nicht bekannt geben, da ich einmal gelesen habe, dass Damen ihr Alter nicht verraten sollen. Nur eines ist klar, ich erblickte definitiv im letzten Jahrhundert das Licht der Welt.

Nun, soll ich angeblich ein hässliches Baby gewesen sein. Wann immer mein Babydasein in meiner Familie zur Sprache kam, posaunte meine ältere Schwester Valerie heraus: „Du warst so weiß und eine blaue Nase hast du auch noch gehabt!"
Ich weiß nicht, ob das stimmt, denn ich konnte mich ja damals noch nicht im Spiegel betrachten, aber ich glaube, irgendwie hatte ich es nicht ganz geschafft, normal im Schoss meiner Mutter zu liegen; sondern ganz verdreht und verknautscht war meine Position. Als ich dann geboren wurde, war da eben eine blaue Nase, die soll aber nicht der eigentliche Grund gewesen sein, dass sich die Hoffnungen meiner Eltern in Luft aufgelöst hatten. Ich war nämlich der dritte Babyversuch und wieder einmal wurde es nur ein Mädchen. Ja, ja ein strammer Junge hätte ich werden sollen, mit dem Namen Philipp und da es halt nicht anders ging und mir eine Kleinigkeit fehlte, entschieden sich meine Eltern für den Namen

Penelope. Zum Glück hatten sie sich dazu entschlossen, denn dieser Name gefällt mir noch heute und ziemlich selten ist er auch.

Ich wurde älter, aber leider nicht hübscher. Als Kleinkind war ich noch immer ziemlich unansehnlich. Zuerst bekam ich ein ganzes Jahr lang keine Haare und als die endlich wuchsen, schnitt mir Mama die Locken immer wieder ab. Meine Mutter liebte es, uns die Haare zu schneiden und eigentlich verschandelte sie uns damit nur noch mehr. Wir Kinder schrieen und wehrten uns, aber Mama wollte nicht locker lassen. Mit der Schere war sie uns durch den ganzen Garten nachgelaufen. Es wurde viel geweint, aber trotz allem, die Haare mussten ab. Mama schnitt uns die Stirnfransen radikal kurz, ich glaube, sie hatten nicht einmal mehr die Länge von einem Zentimeter. Sie war eben eine praktische Frau, denn wenn die Stirnfransen höchst kurz geschnitten waren, dann musste sie die Haare nicht so oft kürzen, denn schließlich bestehe ja das Leben aus wichtigeren Dingen als Haare schneiden, so lautete ihre Begründung. Nun gut, durch diese Behandlung brauchte es natürlich ein halbes Jahr bis man wieder von Stirnfransen reden konnte.

Seht meine Freunde, das war also mein Schicksal. Ich musste mit einem unmöglichen Haarschnitt herumlaufen und dazu kam noch zu meinem Leidwesen, dass ich damals ziemlich starke Brillen trug, sehr mager war und die Zähne wollten auch nicht so recht wachsen. Aufgrund dieser Zustände konnte man nicht wirklich erkennen, dass es sich bei mir um ein hübsches Mädchen handelte. Ganz im Gegenteil, meine Verwandtschaft war leicht entsetzt, wenn sie mir ins Gesicht guckten.

Ja, ich muss schon sagen, da gab es Tanten in meiner Familie, die hatten richtiges Mitleid mit mir, weil ich so furchtbar aussah. Sie hofften inständig, dass sich das alles noch auswachsen würde. Natürlich hörte ich diese Sätze am Mittagstisch und weil ich auch eine leicht beschränkte Auffassungsgabe hatte, bekam ich gar nicht so recht mit, dass eigentlich von mir die Rede war.

Mit sechs Jahren erkannte ich endlich, dass etwas mit meinem Äußeren nicht stimmte. „Ah ha", dachte ich mir, „die Lösung liegt ganz sicher bei meinen Haaren!" Also wollte ich unbedingt lange Haare haben und weil mir Mama diese immer abgeschnitten hatte, ließ ich mir etwas Besonderes einfallen. Am Spielplatz setzte ich mir von meiner Mutter drei paar Seidenstrümpfe auf, die ich zu langen Zöpfen zusammenflocht und so schwang ich auf der Schaukel hin und her. Dabei wehte mein nylon-langes Haar im Wind. Es war ein herrliches Gefühl, endlich lange Haare zu haben. Die anderen Kinder und deren Mütter guckten zwar ein bisschen seltsam, aber das war mir in diesem Augenblick egal, mir machte dieser Irrsinn Spaß.

Was war nun das Ergebnis von all diesen Haarschnitt-Behandlungen?

Ich betrachtete mich mit der Zeit als geschädigt, verlor enorm viel Selbstvertrauen und wurde in der Schule verhaut, weil ich so unansehnlich war, vor allem mit meiner von Mama neu geschnittenen Frisur. Wie auch immer, ich habe überlebt und vieles dazu gelernt. Zum Beispiel, dass man sich über das Aussehen anderer Menschen niemals lustig machen sollte und Demut eine gute Tugend ist.

In der Schule war ich eine mittelmäßige Schülerin. Ich empfand meine Lehrer, bis auf ein paar Ausnahmen, irgendwie lieblos und oft konnte ich spüren, dass ich ihnen nichts bedeutete. Zu dieser Art von Pädagogen gehörte auch meine Volksschullehrerin. Frau Immerkrise war schon eine ältere Dame, bei der es nichts zu lachen gab. Überaus streng war ihr Auftreten. Ihre auffällig toupierten Haare umrahmten ihre sachliche Miene. Auf der breiten Nase trug sie eine zu große, aber höchstwahrscheinlich zur damaligen Zeit moderne Brille, die ihre blaugrauen Augen noch größer erscheinen ließen. Irgendwie erinnerte sie mich an eine Eule, aber diese Vögel waren im Vergleich zu dieser Dame sicher harmlos, wie ich mit der Zeit erfahren durfte. Noch heute kann ich in trüber Erinnerung nachempfinden, wie mich Fr. Immerkrise einmal misshandelte. Mama hatte meine Haare am Hinterkopf doch zu lange wachsen lassen und so konnte mich diese Lehrerin in der Kirche bei der Probe zur Erstkommunion heftig an den Haaren reißen. Ich habe bei dieser Generalprobe nicht gestört, nicht geflüstert oder Nase gebohrt. Eigentlich stand ich nur ganz ruhig da und machte trotz allem einen verheerenden Fehler.

Wir Kinder sollten in einer Zweierreihe vor dem Priester stehen, der uns eine nicht geweihte Hostie verabreichte. Nachdem ich die kleine Oblate schon eingenommen hatte, war meine Nachbarin dran. Ich wurde darauf trainiert auf sie zu warten, bis sie ihr Plätzchen zum Schlucken bekam. Dann erst sollten wir uns gleichsamen Schrittes wenden und uns hinten in der Reihe wieder anstellen. Die Zweierreihe der Kinder wäre dann in der Mitte und meine Partnerin und ich würden jeweils links oder rechts zurückschreiten. Diese ganze Inszenierung hatte also die Aufgabe, unseren Auftritt in einer gewissen Ordnung erscheinen zu lassen. Damit war diese Planung des richtigen Schreitens und Herumstehens, das eigentliche Ziel dieser Übung.
Nun was kann ich dazu sagen. Heute leuchtet mir dieses Anliegen ein. Damals aber hatte ich irgendwie dieses Anstellsystem nicht ganz durchschaut. Ich wollte einfach so schnell wie möglich von diesem großen Mann weg, denn eigentlich

hatte dieser Priester mich schon früher einmal an den Ohren gezogen und das hatte weh getan. Bei einer kurzen Unterhaltung im Kindergarten raunzte er mir auch einmal zu, dass Hermes, unser Schäferhund, nicht in den Himmel kommen würde, weil Tiere keine Seele hätten. Ich erstarrte, als ich diese für mich unbegreifliche Feststellung hörte, denn Hermes war von Jägern erschossen worden und ich konnte nicht verstehen, warum ausgerechnet dieses süße Familienmitglied, das mich immer nur beschützt hatte, nicht in den Himmel kommen darf. Hermes war doch nur unterwegs, um sich ein Weibchen zu finden und daher war er unschuldig.

Wie auch immer, zurück zum Priester, der die Himmelspforten für die Tiere nicht öffnen wollte. Ich wusste damals schon, dass er nicht die Wahrheit sprach, denn ich war davon überzeugt, dass alle Geschöpfe zu Gott zurückkehren. Erstens haben auch sie eine Seele, denn schließlich verfügen sie über eine persönliche Wesensart, die sie von ihren Artgenossen unterscheidet und zweitens kommen sie auch von Gott, da er ja auch der Ursprung allen Lebens ist. Daher war ich schon im Kindergarten zuversichtlich, dass der Herr dieses Universums für alle Lebewesen ein himmlisches Plätzchen eingerichtet hatte. Na ja, auf alle Fälle wollte ich nicht vor diesem großen Priester zu Stehen kommen und da habe mich gleich hinten wieder ruhig angestellt.

Fr. Immerkrise bestrafte mich. Sie erhob sich von der Sitzbank in der Kirche, schrie, sodass es die Hälfte auch getan hätte und riss mich ziemlich heftig an den Haaren. Der Priester schwieg und guckte. Ich jedoch biss die Zähne zusammen, denn ich wollte nicht weinen und hielt meine Tränen zurück. Es war wirklich eine sehr peinliche Situation und alle anderen Kinder haben es natürlich gesehen.

Ja, und was unternahm der liebe Gott in diesem Augenblick? Der war leider nicht zuhause, wie ich feststellen musste, denn er eilte mir keineswegs zur Hilfe. So blieb ich verängstigt zurück und spürte das erste Mal eine große Angst in mir.

Gut, das war nun die Probe zur Erstkommunion und ich musste nicht lange warten, als der große Tag angebrochen war, bei dem ich meine erste geweihte Hostie bekam. Noch heute kann ich mich erinnern, dass wir von Fr. Immerkrise natürlich mit eiserner Miene beobachtet wurden.

Nun, meine Freunde, unter diesem Blick hatte ich meinen großen Auftritt. Was glaubt ihr? Habe ich es geschafft, es richtig zu machen? Habe ich das System durchschaut und auf meine Freundin gewartet?
Nein! Ich lief regelrecht davon und meine Lehrerin saß direkt in der ersten Reihe und beobachtete mich mit einem versteinerten Gesicht. Ja, ja mir war so richtig übel, die ganze Messe hindurch

hatte ich Angst und dabei sollte die Erstkommunion ein ganz besonderer Tag für ein Christenkind sein.

Die Jahre gingen dahin. Ich wurde älter und auch ein bisschen hübscher. Ich ging freiwillig in ein Internat, das von Klosterschwestern geleitetet wurde, da meine Eltern berufstätig waren. Es war eine herausfordernde Zeit.
Wir durften wegen Wassermangel nicht täglich duschen. Es war uns auch nicht gestattet, alleine auszugehen.
Um frische Luft schnappen zu können, war es uns genehmigt, mit der gesamten Mädchengruppe in einer Zweierreihe spazieren zu gehen, selbstverständlich unter der Aufsicht von Klosterschwestern.
Zum Essen gab es keine Nachspeisen, zu wenig Gemüse, statt dessen Speisen wie Blutwurst. Furchtbar! Heute bin ich Gott sei Dank Vegetarier.
Einmal im Monat durften wir Fernsehen. Die Sendung hieß „Aktenzeichen XY", in der Schwerverbrecher gesucht wurden. Damit wollte man uns Mädchen demonstrieren, wie schlecht die Welt sei und vor allem natürlich die Männer. Mir war das alles einerlei.
Am Abend mussten wir manchmal singen, vorwiegend langweilige Kirchenlieder, die wir auf der Stiege für einen Auftritt in der Kirche probten. Es wurde auf Latein gesungen und es war eine sehr ermüdende Sache. Ich störte diese Probe nicht. Ich verhielt mich ganz ruhig, stand nur ganz still

im Schlafrock da und sang nicht mit, weil ich einfach zu müde zum Singen war. Mein ruhiges, eintöniges Dastehen reizte aber scheinbar meine Erzieherin. Sie schrie los und beschimpfte mich. Also ging ich mich nach dem Gesang entschuldigen.

Bis heute weiß ich nicht, was ich falsch gemacht hatte. Mir kam diese Zeit nur sehr verdreht vor. Ich sah wie junge Mädchen von unseren geistlichen Erzieherinnen beschimpft und gekränkt wurden. Ich hörte, wie man ihnen sagte, dass sie verkommen und schlecht seien. Die so gezüchtigten Mädchen weinten dann halbe Nächte lang und oft wurde den Eltern nahe gelegt, ihre Töchter aus dem Internat zu entfernen.

In dieser Zeit lernte ich, mich in meine innere Oase zurückzuziehen und einfach nur zu funktionieren. Die Internatswelt war eigentlich kalt, unpersönlich und das praktizierte Christentum ließ alle Wünsche offen. Ich hatte damals die Empfindung, dass Gott entweder immer nur alles verschlief oder wieder einmal auf Urlaub war. Es war mir damals noch nicht bewusst, dass ich ihn eines Tages als meinen besten Freund erkennen würde, der mich schon immer von Anfang an durch mein Leben begleitet hatte, aber dazu später. Eines wusste ich als Kind ganz sicher, dass seine Vertreter hier auf Erden oft ungerecht handelten und dies so nicht richtig sein konnte.

Trotz allem gibt es auch Gutes zu berichten. Beispielsweise mein Firmungsunterricht. Der war eigentlich spannend, denn da würde ich ja vorbereitet werden, damit der Heilige Geist endlich über mich kommen konnte. Ich dachte mir damals schon: „Na endlich, dann geht es ja auch in der Schule besser weiter; Zeit wird's, ich muss meine Noten verbessern."

Nun ja, ich ging also brav zum Firmungsunterricht und hoffte auf den Heiligen Geist. Meine Eltern hatten die glorreiche Idee, mich im weit entfernten Stephansdom firmen zu lassen. Ich bin eigentlich aus Niederösterreich und keine Wienerin, aber egal der Stephansdom ist ein großartiger Dom.

Noch heute ist es mir in Erinnerung, dass ich fix und fertig angezogen war. Ich hatte ein steirisches Kostüm an, mit einer weißen Bluse. Meine kurz geschnittenen Haare waren gekämmt, ich war geduscht und meine Brillen waren geputzt. So stand ich also im Schlafzimmer meiner Eltern unter dem Glasluster und entdeckte auf der Kommode die Einladung zur heiligen Firmungsmesse. Da stand auch die genaue Uhrzeit halb elf, dann würde es also losgehen. Nun war es neun Uhr und folgende Szenen spielten sich vor meinen Augen ab. Ich sagte meinen Eltern, dass es in eineinhalb Stunden losgehen würde und wir schon längst im Auto sitzen sollten. Meine Eltern glaubten mir nicht. Sie

meinten, ich würde mich verschauen und so eilten sie rasch zu der Einladung und erstarrten.
Meine Mama hatte noch ihre Lockenwickler im feuchten Haar und Papa fing zu schimpfen an, da Mama immer viel zu lange brauchen würde. Er sei schon längst fertig und überhaupt sei Mama Schuld an dieser Misere. Mama wiederum suchte auch nach einem Schuldigen, der dafür verantwortlich gemacht hätte werden können, dass sich auf mysteriöse Weise der Beginn der Messe geändert hatte.

Von da an wurde das Tempo erhöht. Mamas Locken wollten nicht werden. Ihre Haare waren nass und sie war auch noch gar nicht ausreichend geschminkt.
Papa kramte in seinem Jackett herum und rief Onkel Emil in Wien an, ob man denn nicht eine spätere Messe noch in Betracht ziehen könnte.

Wie auch immer, einiges kam jetzt in Bewegung. Während noch immer ein Schuldiger gesucht wurde, föhnte sich meine Mama schleunigst die Haare, während Papa seinen besonderen Mercedes aus der Garage fuhr und natürlich streng nach Mama hupte. Ich hingegen stieg ein und machte mir ein bisschen Sorgen, ob ich heute noch den Heiligen Geist erreichen würde. Endlich kam Mama elegant gekleidet mit vorwurfsvollem Blick aus dem Haus und stieg in das Gefährt ein. Sie könne nichts dafür, aber keiner außer ihr sei daran interessiert, das Haus

abzusperren. Alles würde immer nur an ihr hängen bleiben. Nun ja meine Freunde, von da an ging die Post ab, denn Papa gab Gas. Auf der Westautobahn brausten wir mit 180 Sachen unserer schönen Hauptstadt Wien entgegen. Es war ein Samstag, die Straßen waren frei, als wir eine Motorradgang mit erheblich vielen Ledersachen überholten.
Ich dachte mir damals: „Juchhe, wir sind die Schnellsten, ist ja echt cool!" Mama meinte zu Papa, er solle nicht so irrsinnig fahren und außerdem könne er sich hin und wieder auch um familiäre Termine kümmern. Papa wurde es zu bunt und daraufhin gab er noch mehr Gas. Der Mercedes 450 S-Klasse flog mit 210 km/h dahin. Die Vierlitermaschine gab ihr Bestes und ich dachte mir: „Großartig wie Papa fährt, ja ich erreiche heute doch noch den Heiligen Geist!"

In Wien angekommen, erklärte uns Onkel Emil, dass es zum Glück noch die Möglichkeit gebe, einen Firmungsplatz in der zweiten Messe um zwölf Uhr zu bekommen. Nun ja, von da entspannten sich alle und man hatte noch Zeit für eine Tasse Tee.

Pünktlich wurde ich endlich in ein blumengeschmücktes Taxi gesetzt, denn Onkel Emil verkaufte Blumen und so war es gar nicht verwunderlich, dass ich mit einem blumenduftenden Taxi in Wien unterwegs war, so ähnlich wie es Brautpaare betreiben. Tante Greti, meine liebe

Firmpatin, elegant gekleidet und die Ruhe selbst, war zuversichtlich, dass wir es zur Messe schaffen würden und so fuhren wir in aller Besinnlichkeit hübsch geschmückt in die Innenstadt zum Stephansdom.

Meine Eltern kamen nicht mit. Sie blieben bei Onkel Emil, da sie von der anstrengenden Zureise doch ein bisschen mitgenommen waren und außerdem glaube ich, waren sie nicht wirklich davon überzeugt, dass der Heilige Geist über mich kommen würde. Nun ja, wenn sie gewusst hätten, mit welchen Mitteln und vor allem mit welchem Nachdruck ich den Heiligen Geist anrufen würde, dann hätten sie sich dieses Schauspiel ganz sicher nicht entgehen lassen.

Angekommen beim Stephansdom, betraten meine Tante und ich das Wahrzeichen Wiens und stellten uns auf die linke Seite. Der gesamte Gang des Doms war voller Teenager. Auf der linken Seite die Mädchen, auf der rechten die Jungs. Hinter den Firmlingen standen die Firmpaten, die ihre rechte Hand auf die Schulter ihres Firmlings legten. So stand ich also in dieser Reihe mit Tante Greti. Mir fiel auf, dass das Herumstehen ziemlich lange dauerte und es im Dom sehr heiß war. Ich bemerkte, dass immer wieder junge Priester, schwarz gekleidet den Gang auf und abschritten, um Firmlinge aufzufangen, die von der Hitze ohnmächtig wurden.

Da sind tatsächlich auch Buben zusammengebrochen. Diese wurden dann aufgesammelt und hinausgetragen oder wenn sie noch bei Bewusstsein waren, hinausgeschleift. Die Messe hatte noch nicht begonnen, aber bei all diesen ganzen Zusammenbrüchen, die da um mich stattfanden, entschloss ich mich, dass mir jetzt auch schlecht werden würde.

Also machte ich einen Schritt nach vorne. Plötzlich sausten zwei junge Priester auf mich zu, packten mich jeweils links und rechts unter dem Arm. Sie hoben mich beim Gehen so stark in die Höhe, dass ich den Boden unter meinen Füßen kaum spürte. Tante Greti ganz aufgeregt und nicht wissend, was jetzt geschehen würde, folgte dieser Prozession.

Ich befand mich plötzlich in einem kühlen Nebenraum, wurde auf ein Bett gesetzt und bekam Kekse mit Tee verabreicht. Eigentlich war ich dort recht glücklich, da ich nicht in der Reihe stehen musste. Tante Greti war besorgt, aber ich beruhigte sie, denn irgendwie war ich mir jetzt doch nicht mehr sicher, ob mir wirklich übel im Magen gewesen war. Vielleicht hatte ich mir das Ganze auch nur eingebildet.

Auf alle Fälle hatte währenddessen die Messe begonnen. Im Dom selbst ging es so richtig los. Da wurde gesungen, es gab ganz viel Weihrauch und immer wieder wurde vom Heiligen Geist gesprochen. Plötzlich stand ein Priester vor uns und fragte, ob wir jetzt für die Firmung bereit seien oder ob wir sie später einmal nachholen möchten. Natürlich entschloss ich mich, sofort mitzumachen und so stand ich auf, damit ich endlich den Heiligen Geist empfangen würde. Tante Greti und ich gingen in den Dom. Wir stellten uns auf den alten Platz und erwarteten den Bischof. Es wurde gleichzeitig gefirmt. Auf der einen Seite die Mädchen und auf der anderen Seite die Jungs.

Da plötzlich konnte ich den schon in die Jahre gekommenen, ernsten Bischof mit seinem Anhang von Priestern erblicken, der von Kind zu Kind schritt und den Gottessegen vollzog. So weit so gut, ich muss schon sagen, ich habe mich bemüht wirklich aufzupassen. Bei den Mädchen, die vor mir dran waren, habe ich ganz fest geguckt, damit ich es auch so machen würde. Der Bischof sprach auf Latein einen Segen, da wurde Wasser versprengt, ein Kreuz von den jungen Priestern gehalten, es waren etwa fünf, die dem Bischof die wichtigsten Utensilien reichten. Nun, an und für sich wäre es ja gar nicht so schwierig gewesen. Ich hätte ja nur „Amen" sagen sollen, aber bei mir lief es ein bisschen anders.

Als der Bischof vor mir stand, begleitet von seinem Gefolge, sprach er auf Latein seinen Segen. Bis dahin war noch alles in Ordnung. Dann wurde ich mit Wasser besprizt und der Bischof machte plötzlich eine auffordernde Handbewegung in meine Richtung. Er hielt mir also irgendwie die Hand entgegen.

Das war mein Zeichen! Ich packte ziemlich zuversichtlich seine Hand und schüttelte sie, als wäre ich ein Geschäftsmann, der sein bestes Geschäft in seinem Leben abgeschlossen hatte. Der Bischof reagierte, er versuchte mir seine Hand zu entziehen, aber ich ließ nicht locker. Ich hielt seine Hand so fest, dass es ihm nicht möglich war, sie los zu bekommen. Ohne Ende schüttelte ich weiter, bis er endlich mit einem hochroten Kopf, Amen zischte.
Die jungen Priester hinter dem Bischof bebten am ganzen Körper. Sie durften nicht loslachen, aber ich sah, dass sie schwer kämpften. Jetzt endlich verstand ich. Ich hätte eigentlich nur „Amen" sagen sollen. Ich piepste also erschrocken ein langgedehntes: „A m e n". Der Bischof schüttelte den Kopf, sah mich verärgert an und zog weiter zum nächsten Kind.

Nun ja, da war ich ziemlich verdattert. Irgendwie fühlte ich mich gar nicht wohl, denn Entsetzen machte sich in mir breit. Wie konnte mir nur diese Peinlichkeit passieren?

So wie die anderen Mädels empfing ich den Heiligen Geist mit Lateingemurmel und Wasser spritzen. Die Einlage mit dem Händeschütteln war von mir jedoch eine unbeabsichtigte Draufgabe und ich hoffte inständig, dass mir der Heilige Geist dieses Hoppala nachsehen würde. Eigenartig war es für mich schon ein bisschen, dass ich gar keinen Unterschied zu meinem noch nicht gefirmten Zustand wahrnehmen konnte. Eigentlich fühlte ich mich noch genauso wie bei der vorhin stattgefundenen Autofahrt, nämlich leicht durchgeschüttelt und benommen. Wie auch immer, anschließend ging es zurück zu Onkel Emils Haus mit dem Blumentaxi und ich war glücklich, die Firmung überstanden zu haben.

Zurück im Internat verging die Zeit nach den gewohnten Gegebenheiten. Es kam der Sommer, der auch schnell wieder dahin ging und der bunte Herbst klopfte an die Tür. In diesem Jahr, in dem ich meine Firmung erhielt, bescherte mir das Leben noch eine traurige Erfahrung, die sich zu einer regelrechten Herausforderung entpuppte.

Es war in der Adventzeit, eigentlich zwei Tage vor Weihnachten, als uns Tante Greti besuchte. Irgendwie kam meine Mama und Tante Greti, auf meinen Großvater zu sprechen. Mein Opa war verstorben und meine Tante weinte in der Küche, wo Mama versuchte, sie zu trösten.
Ich saß mit meinem Papa im Wohnzimmer und bekam plötzlich ein eigenartiges Gefühl, das ich bereits von früher her kannte, als ich noch ein kleines Volksschulkind war. Schon während meiner Volksschulzeit hatte ich immer eine Art Vorahnung, dass eines Tages etwas Schlimmes in meiner Familie zu Weihnachten geschehen würde. Nun saß ich im Teenageralter vor meinem Vater und plötzlich wusste ich, dass diese besondere von mir gefürchtete Weihnachtszeit

angebrochen war, denn ich hatte auf einmal die Gewissheit, dass mein Papa bald sterben würde.

Also sagte ich zu ihm: „Papa, du wirst auch bald sterben." Dabei wurde mein Herz ganz schwer. Ich fing zu weinen an und wusste, dass ich die Wahrheit sprach. Mein Vater sah mich an und lächelte. Er erwiderte: „Nein, ich lebe bestimmt noch zehn Jahre." „Nein Papa, es wird bald sein!", widersprach ich, und schüttelte meinen Kopf. In diesem Augenblick kam meine Mama aus der Küche. Sie fragte, was da los sei, weil wir beide so traurig wirkten. Als sie hörte, was ich gesagt hatte, meinte sie, dass dies Unsinn sei und wir nicht mehr über das Sterben reden sollten.

Am selben Abend ging ich in mein Zimmer und schrieb meine Vorahnung in mein Tagebuch. Ich wollte alles Gesagte festhalten. Zwei Tage später nach unserem Gespräch feierte meine Familie den Heiligen Abend. Mein Papa rauchte wie immer seine Zigaretten und jeder vergaß dieses eigenartige Gespräch.
Nun am ersten Januar feiere ich meinen Geburtstag und ein Tag davor, am 31. Dezember mittags, starb mein Vater. Er hatte am 30. Dezember am Abend eine Gehirnblutung und wurde noch schnell in das Krankenhaus nach Linz gebracht, wo die Ärzte in derselben Nacht eine Notoperation durchführten. Am nächsten Tag bekam mein Papa eine weitere Gehirnblutung und da zerriss sein Lebensfaden. Die Schäden

des geplatzten Aneurysma waren einfach zu groß, um ihn retten zu können. Es waren zehn Tage zwischen unserem Gespräch und seinem Tod vergangen. Ich konnte es nicht glauben, dass ich mit meiner Vorahnung Recht behalten hatte und es war mir nicht möglich gewesen, etwas für ihn zu tun.

Mein Papa war ein lieber Vater, denn ich konnte eine Menge schlechter Noten nach Hause bringen und er schimpfte nicht einmal mit mir. Er war sehr großzügig und darüber hinaus hatte er auch viel Charme. Die Menschen mochten ihn, und das zu beobachten, gefiel mir als Teenager außerordentlich gut.
Wenn ein Polizist Papa aufgehalten hatte, weil er wieder einmal zu schnell gefahren war, dann hatte mein Vater immer eine ganz besondere Art, mit den Polizisten zu sprechen. Es gelang ihm jedes Mal, keine Strafe zu erhalten, die bezahlt hätte werden müssen. Irgendwie hatte er die Begabung, Menschen für sich zu gewinnen. Also, das fand ich schon beeindruckend und im Grunde wollte ich auch so werden wie er.

Leider liebte mein Papa Zigaretten, die rauchte er für sein Leben gerne. Gott hat ihm ganz sicher sehr viele Atemzüge eingeräumt und ich glaube nicht, dass es sein Schicksal war, bereits mit einundfünfzig Jahren zu sterben. Die vielen Zigaretten hatten meinem Papa jedoch die vorgesehenen Atemzüge schneller verbrauchen lassen und so musste er gehen. Damit hinterließ er eine enorme Lücke, die für meine Familie nicht zu füllen war und es folgten für mich schwere Jahre.

In der Schule ging es so richtig bergab. Ich wechselte von der Handelsakademie in die Handelsschule.
Trotzdem verbesserten sich meine Noten nicht. Sofort passte ich mich an die Anforderungen des Unterrichts an und lernte überhaupt nichts mehr. Meine Noten waren unter dem Durchschnitt, denn ich hatte keine Lust, in der Schule aufzupassen. Bei diesen Themen, die da gelehrt wurden, schweiften meine Gedanken sowieso automatisch ab.
An alles Mögliche habe ich gedacht, nur nicht an das, was die Lehrer vorne vortrugen. Irgendwie hatte ich mein Gehirn ununterbrochen auf Durchzug geschaltet. Damals interessierte ich mich nur für bestimmte psychologische Bücher und dann war es das auch schon wieder.
Ich muss gestehen, ich war eigentlich total auf der Suche. Ich wollte herausfinden, warum ich in diese Welt hineingeboren war und worin der Sinn bestand, schwere Herausforderungen zu ertragen.

Die wilden Jahre

Nach der Handelsschule holte ich die Matura in einem amerikanischen College in der italienischen Schweiz nach. Es war eine tolle Zeit. Stundenten aus 40 verschiedenen Ländern waren in diesem College untergebracht. Die Unterrichtssprache war Englisch und nach zwei Jahren machte ich meinen Abschluss. Es wurde mir das "Association of Arts degree" verliehen, das mir die Möglichkeit bot, zu studieren. Ja, es war eine gute Zeit, die mir damals meine Mama ermöglichte.

Zurück in Österreich inskribierte ich an der Universität Wien. Es brauchte einige Zeit bis ich ein passendes Studium gefunden hatte und da man nun auch in seinem Leben Geld verdienen sollte, probierte ich es erst einmal mit den Rechtswissenschaften.
Ich war damals auch bereit, einen Lebenspartner zu finden und so dachte ich mir: „Na ja, schauen wir einmal, was da kommt." Die Jungs am Juridicum waren alle ein bisschen steif. Manche von ihnen trugen englische Halstücher und Jacketts. Sie waren zwar schön anzusehen, aber irgendwie nicht wirklich herzlich, sondern eher unnahbar.
Ich hingegen liebte es, mich damals mit einem bodenlangen roten Rock zu bekleiden, den ich zu

Hause auf dem Dachboden gefunden hatte. Als Oberbekleidung wählte ich dicke lange Pullis. Eigentlich sah ich einem Rollmops sehr ähnlich, wobei ich aber natürlich besser roch. Es war damals auch die Zeit, in der ich mich für spirituelle Bücher interessierte. Richtig gute Bücher mussten es sein, am besten über Gott und die Liebe.

Auf dem College studierte ich die Sprachen Italienisch und Französisch, aber kein Latein. Also blieb mir nichts anderes übrig, das kleine Latinum für die Rechtswissenschaften nachzuholen und dazu besuchte ich eine Vorlesung auf der Hauptuniversität.

Heute ist mir noch in Erinnerung, dass ich ziemlich krank war und sich eine überdimensional große Fieberblase auf meiner Lippe platziert hatte, die meine ohnehin schon mäßige Attraktivität zusätzlich dämpfte. Trotz dieser leichten Entstellung bin ich zum Unterricht gefahren.
Es war ein kalter Novembertag. Die Lateinvorlesung fand um fünf Uhr abends statt und es war schon dunkel. Magisch zog mich der Lateinunterricht an und ich beeilte mich, den Hörsaal zu betreten.
Es war ein kleiner Hörsaal im Arkadenhof, in dem unglaublich viele Studenten anwesend waren. Nicht nur alle Reihen waren besetzt, sondern auch die Stiegen. Ich ging langsam die Stufen hinunter. Bei jedem Schritt passte ich auf, dass

ich nicht auf einen Studenten stieg, der darauf Platz genommen hatte.
Ganz unten in der ersten Reihe erblickte ich einen Platz. Ganz vorne beim Podest auf der linken Seite stand ein rechteckiger Tisch mit zwei Sesseln. Ein Sessel war nicht besetzt und da geschah es.

Jetzt wusste ich, warum mich der Lateinunterricht so sehr anzogen hatte. Es war natürlich nicht das Latein, sondern er.
Da saß er, aussehend wie der leibhaftige Jesus Christus. Sein langes braunes gewelltes Haar viel sanft auf seine Schultern. Seine braunen Rehaugen versteckte er hinter einer dicken Brille. Zugegeben Christus trug keine Brille, aber vom Bart her stimmte schon wieder alles. Denn ein Vier-Tage-Bart umrahmte seinen Mund und diese Beharrung im Gesicht stand ihm wirklich gut. Ich war hingerissen von seiner Ausstrahlung. Seine Stirnfransen störten ihn, daher schüttelte er sich diese ununterbrochen aus seinem Gesicht.
Er hatte rote Jeans und eine braune Lederjacke an und der Platz neben ihm war frei. Ja, was kann ich sagen meine Freunde, der Lateinunterricht begann, aber von dem bekam ich nichts mehr mit. Ich setzte mich neben ihn und starrte ihn an, als wäre er ein Superkuchen.
Als erstes guckte ich mir seine Hände an, ob die mir gefallen würden. Hände sind nämlich sehr wichtig. Dann schaute ich mir seine Augen an und die waren sanft und gutmütig. Ja und dann ging

es los. Ich begann zu sprechen. Irgendetwas Philosophisches habe ich von mir gegeben und er stieg darauf ein. Ich hörte seine Antwort, aber eigentlich hörte ich mehr auf den Klang seiner Stimme. Die gefiel mir unheimlich gut, denn sie war sanft, gar nicht brummig.
Wir sprachen die ganze Stunde lang und das Latein um uns herum war gestorben. Am Ende erfuhr ich, dass sein Name Wolfgang war. Ich wusste schon damals, dass dieses Treffen nicht zufällig geschah und wir füreinander bestimmt waren. Einige Jahre später wurde Wolfgang mein Mann und wir sind heute noch immer verheiratet, ja sogar glücklich.

Wolfgang wurde mir ein richtiger Lebenspartner. Er wurde mir auch zugleich beste Freundin, weil ich ihm einfach alles erzählen konnte. In meinen wilden Jahren, zu denen vor allem die familiären Weihnachtsfeiertage mit Großmutter gehörten, war er mir immer ein guter Begleiter.

Also ich hatte eine wirklich besondere Oma. Sie war temperamentvoll und vielleicht auch ein bisschen zu wild in ihrem Leben. Ihr Geburtsname, der ihr bei der heiligen Taufe verliehen wurde, war eigentlich der schlichte Name Anna, der hat ihr aber nicht gefallen und so ließ sie sich in Cornelia umbenennen.
Oma tendierte auch dazu, sich ein bisschen jünger zu machen und daher veränderte sie immer wieder ihr Geburtsjahr. Besonders gerne

tat sie dies bei öffentlichen Ämtern. Am Ende war sie so jung, dass sie meiner Mama bereits mit vier Jahren das Leben schenkte und keiner mehr so recht wusste, wie alt sie wirklich war.

Daher musste meine Mama, als Oma verstarb, beim Beerdigungsinstitut ganz schön fest nachrechnen, als es darum ging, ihr richtiges Alter festzustellen.

Aber zurück zur Großmama, als sie noch mit ihrer vollen Durchsetzungskraft unter uns weilte. Oma war ehrgeizig und die Bildung war ihr auch sehr wichtig. So studierte sie nach dem Zweiten Weltkrieg Medizin. Eigenartigerweise erwarb sie während ihres Studiums aus ihrem Sezierkurs einen Totenschädel oder vielleicht hat sie ihn auch irgendwie nur eingesteckt.

Wie dem auch sei. Sie war immer ganz stolz, wenn sie erzählte, dass sie diesen selbst seziert hatte. Noch heute klingen mir ihre Worte im Ohr, wenn sie sagte: „Da habe ich das Fleisch von den Knochen abgetragen, Schicht für Schicht!" Nun mit diesem Totenkopf musste meine Mama ihr Zimmer teilen. Irgendwie lag dieses Exemplar auf einem Regal im Zimmer meiner Mutter und schaute ihr beim Schlafen zu.

Nun wurde Oma meistens von mir zu Weihnachten von Steyr abgeholt. Die Autofahrt von Steyr zu uns nach Hause war ja schon eine Herausforderung für sich, aber trotz allem war diese Fahrt kein Vergleich zu der Szene, die sich alle Jahre wieder vor unserer Haustür zutrug.

Meine Schwester Valerie besaß eine Promenadenmischung von einem Hund. Dieser Hund hieß Mimi und war aus Griechenland eingeflogen worden. Im Tierheim angekommen, hatte Mimi kein Fell und war furchtbar abgemagert, jedoch zu Gast in der Tierfernsehsendung „Wer will mich?" Da Valerie schon immer einen eigenen Hund haben wollte, entschied sie sich, Mimi zu retten. Nun Mimi und Oma hatten ein ganz besonderes Verhältnis zueinander.

Meine Freunde, stellt euch jetzt einmal eine rothaarig gefärbte Dame im Nerz vor, die bei der Autofahrt kaum Ruhe ausstrahlte.
Angekommen vor unserem Haus, saß also die schon etwas in die Jahre gekommene Oma im Auto. Starr guckte sie vor sich hin und war im Begriff auszusteigen. Wenn sich Oma ihrer Sprache bediente, klang diese schrill und oft war sie auch zu laut. Daher wusste Mimi immer sofort wer da im Auto saß, alleine schon aufgrund dieser Stimme.

Oma hatte normalerweise nichts gegen Mimi, aber in dem Moment, als sie versuchte sich aus dem Auto heraus zu schlängeln, begann sie zu schnaufen: „Au weh, au weh!"
Das war immer das Zeichen für die mittelgroße Mimi. Mit Gebell und Zähne knirschen, stürzte sie

sich dann, trotz der rutschigen Eisfläche in Richtung Auto.
Beruhigende Zurufe folgten der aufsässigen Mimi, die jedoch nicht mehr zu halten war. Sie verlor vollkommen ihre Fassung und hopste mit Gekläffe und hochgestellten Ohren auf die halbe Oma, die noch nicht vollkommen aus dem Auto ausgestiegen war.
Oma stöhnte und japste schrill. Mimi versuchte jedoch wie jedes Jahr, Oma einfach zu beißen. Oma, in Pelz gehüllt, hielt ihr einen Muff aus Nerz entgegen und versuchte, die so gereizte Mimi abzuwehren.
Dabei wurden Sätze gejapst, wie: „Äh, äääh, gebt doch die Mimi weg, die will mich ja beißen! Was hat's denn schon wieder? Na, so ein blödes Hundevieh! Weg, weg, geh weg…. aua, äh, äääh…..aus, aus Pfui Mimi!"

Während dieser einseitigen Konversation hing Mimi mit ihren Zähnen schon längst in Omas Nerzmuff.
Valerie beobachtete diese Szene und schüttelte nur entspannt den Kopf. Mit einem sanften „Pfui, Mimi, beiß' nicht die liebe Oma, haha!" versuchte meine Schwester, ihren Liebling unter Kontrolle zu bekommen.
Noch immer zerrend und kämpfend mit Mimi, hatte Oma nun schon fast das sichere Terrain der Diele erreicht, als meine große Schwester rief:
„M a m a ! Mimi beißt O m a !"

Sogleich erschien Mama auf der Stiege. Mit schnellen Schritten eilte sie in die Diele, dabei sprach sie den Satz: „Geh, seid's doch nicht so blöd!"
Oma war nun endlich in Sicherheit, sie begrüßte meine Mama und ließ sich erschöpft in das Fauteuil in der Diele hineinsinken. Ich beobachtete diese Szene und dachte mir: „Oma ist irgendwie schon zäh, sie hat es wieder einmal geschafft, lebendig anzukommen."

Leicht von dieser Angriffswelle mitgenommen, richtete Oma ihre rötlichen langen Haare und lies sich ein paar Komplimente machen, betreffend ihres jugendlichen Aussehens und der Naturwelle.
Wie jedes Jahr trug Oma einen bodenlangen schwarzen Rock und dazu ein passendes, mit Glitzersteinen versehenes Oberteil. Die gesamte Familie war herausgeputzt. Meine Schwester elegant und lässig, Mama elegant und extravagant und Oma trug Glitzer, Glitzer.
Ich hingegen war wie jedes Jahr auch bestrebt, adrett auszusehen. Mit einem langen Rock und einem grauen Wollpullover wollte ich meine Oma begeistern. Aber dieser Versuch schlug jedes Jahr fehl.

Denn Oma meinte nur, meine Abendkleidung wäre nicht elegant genug und Mama jammerte, dass ich meine langen Haare nicht zu ein paar Zöpfchen geflochten hatte, denn die wären ja so lieb. Ich möchte nur ganz kurz dazu anmerken, ich war damals dreiundzwanzig Jahre alt.

Wie auch immer, das war für mich eigentlich der Auftakt zu einem herzerfrischenden Weihnachtsfest, denn da gingen Dinge vor sich, die mit einem Heiligen Abend eher nichts zu tun hatten.
Ich wusste, Oma war eine liebe, jedoch auch manchmal schwierige Persönlichkeit. Leicht erregte sie sich über ihre Mitmenschen, sodass man eher von einem überaus starken Temperament sprechen konnte, das man besser mit Hilfe besonderer Genussmittel besänftigen sollte.

Nun hatte mein lieber Onkel Peppi in seiner weisen Voraussicht einen guten Tropfen eingekühlt, um Oma ein bisschen ruhig zu stellen. Wissend, dass vielleicht einige Fläschchen von Nöten sein könnten, machte er gleich mal den ganzen Kellerkühlschrank voll. Obwohl Onkel Peppi ein gebildeter Mann ist und sich ausgezeichnet auf Zahlen versteht, wusste er keine andere Lösung, als Oma auf diese traditionelle, sich seit Menschengedenken bewährende Art, zu besänftigen.

Nun mit diesen altgedienten Vorbereitungen konnte das Weihnachtsfest beginnen. Nach den stattgefundenen Begrüßungen in der Diele, ließen wir uns alle vor dem Kamin nieder.
Es wurde Oma ein Aperitif gereicht, den sie genüsslich zu sich nahm und los ging es mit dem

sich Platzieren vor dem Weihnachtsbaum. Die gesamte Familie machte flott einen Halbkreis und dann wurde es so richtig dramatisch.

Als Ouvertüre sangen wir leicht beschwingt: „Oh Tannenbaum, oh Tannenbaum ...", ,,Kling Glöckchen klingelingeling ..." und ,,Ihr Kinderlein kommet ...".
Danach folgte das berühmteste Weihnachtslied von allen „Stille Nacht, heilige Nacht ..." und dann meine Freunde, ging die Post aber so richtig ab. Oma bestand auf ihrem Lieblingsweihnachtslied „Es ist ein Ros' entsprungen ...".
Ich beherrschte den Text nicht und eigentlich auch nicht die Melodie. Der Aperitif war mir auch schon leicht in den Kopf gestiegen und daher lallte ich auch schon ein bisschen vor mich hin.

An und für sich trinke ich das ganze Jahr über keinen Alkohol. Mit Oma jedoch hatte ich jährlich meinen Schwips. Ich wusste nicht, wieso mir das immer wieder passierte, das ausgerechnet ich mit Oma prostete und jauchzte.

Ich glaube, ich habe mich da ein bisschen geopfert. Denn, wenn Oma einen Aperitif im Verdauungssystem hatte, dann war sie schließlich für alle Beteiligten erträglicher. Dazu kam noch, dass sie mich oft aufforderte, mit ihr anzustoßen, also irgendwie war ich da schon unschuldig, das möchte ich hier schon einmal kurz anmerken.

Nun waren diese Umstände für mich fatal, denn jedes Mal wenn ich falsch sang, boxte mich Oma auf den Arm.
Natürlich rief ich dann "Aua" und das während des Singens. Dadurch bekam ich gleich noch einen Boxer auf die Körperstelle, die sie halt gerade zufällig traf. Sofort versuchte ich meine Position, mit Mama zu tauschen.
Wenn Mama nicht richtig sang, dann war sie dran und sie bekam auch einen Schlag ab. Komisch, Onkel Peppi und Wolfgang verstanden es, sich immer in Sicherheit zu bringen. Sie hielten einen respektvollen Abstand zu Oma ein und Valerie wich ihr sowieso immer nur aus.
Endlich hatten wir das Leiern und somit die Züchtigungen hinter uns gebracht. Nach dem Besingen des Weihnachtsbaums, erfolgte die friedliche Bescherung. Oma war entzückt, dass es wieder Weihnachten war. Sie liebte es, Geschenke zu bekommen und daher war die Stimmung immer gut.

Danach gab es ein wunderbares Abendessen. Mama hatte sich wie immer übertroffen, denn sie bereitete wie jedes Jahr ein umfangreiches und köstliches Abendessen zu.

Nun meine Freunde, daraus ergab sich jedoch ein vorhersehbares Problem. Aufgrund des wohlschmeckenden Abendessens entstand natürlich die Notlage, dass Oma während ihrer Lieblingsbeschäftigung wieder ausnüchterte.

Ihre Stimmung wäre eher wieder gereizt gewesen und dann hätte man ihr überhaupt nicht widersprechen dürfen. Sie hätte dann wieder von allen möglichen Königen gesprochen, deren Leben sie abprüfte und wenn man dann wieder nicht genau wusste, wer diese historische Persönlichkeit war, hätte es gleich wieder geheißen, man sei ja so blöd und warum habe man nichts in der Schule gelernt.

Onkel Peppi und Wolfgang erkannten diese Gefahr und sahen sich schweigend an. Sie nickten sich gegenseitig zu und mein Onkel verstand natürlich das Zeichen. Etwas musste unternommen werden, bevor wieder die gesamte Menschheitsgeschichte abgeprüft werden würde.
Er eilte in den Keller zu dem angefüllten Kühlschrank und holte den nächsten Champagner. Oma wurde dann nachgeschenkt, mit den Worten: „Trink, doch noch ein Schlückchen, Oma!"
Ich ging zu Mama in die Küche, um ihr behilflich zu sein. Dabei lallte ich: „Du Mama, mir geht es gar nicht gut, mein Magen fühlt sich so komisch an, ich glaub' mir ist schlecht und Oma wird übrigens schon wieder mit Champagner abgefüllt."

Mama schüttelte den Kopf und sagte: „Geh' das könnt ihr doch nicht machen, Oma ist doch herzkrank, sie darf nicht so viel trinken, nicht das sie uns vom Stuhl kippt und wir noch die Rettung brauchen!" Ich japste: „Ja Mama, du hast recht, das ist bedenklich, aber ich bin unschuldig, ich kann nichts dafür" und war schon wieder lallend unterwegs.

Egal was Mama in der Küche von sich gab, Onkel Peppi war schon wieder am Nachschenken eines guten Tropfens. Ich hingegen stolperte mit der Nachspeise ins Esszimmer, die eher von mir geschupft als getragen wurde und wo mich schon freudigst eine beschwingte Oma erwartete.

Meine Freunde, jahrelang ärgerte ich mich über diese Weihnachtszeiten. Ich wollte eigentlich besinnliche spirituelle Weihnachten erleben und musste feststellen, dass dies nicht möglich war, solange Oma unter uns weilte. Es ist schon ein Jammer, wenn man einfach gar nichts verträgt und ich meine mich zu erinnern, dass es sich um vier Feste handelte, bei denen ich mit Oma abstürzte.

Es war eben eine fatale Situation. Wolfgang und Onkel Peppi taten so, als würde sie mein Zustand überhaupt nichts angehen. Mit einem Wort, diese Jungs lehnten sich einfach zurück und genossen die Show. Mama war auch immer nur beschäftigt mit dem Futternachschub und bemerkte gar nichts.

Ich hingegen beichtete meine Fehltritte jedes Mal unter dem Weihnachtsbaum, gleich noch am selben Abend. Ich hatte ein furchtbar schlechtes Gewissen und glaubte fest daran, dass ich niemals in den Himmel kommen würde, bei so einem schlechten Benehmen.

Ja, ich muss schon sagen mit meiner Oma verlebte ich wirklich meine wilden Jahre und ich hoffe inständig, dass es ihr in der anderen Welt gut gehen möge.

Die Plantage

In meinen frühen 20er Jahren bereiste ich in den Ferien die Vereinigten Staaten. Eigentlich ist es mir heute gar nicht mehr so verständlich, warum ich diese Tour unternahm. Von amerikanischen Freunden wurde mir gesagt, dass die Ostküste der USA sehenswert sei. Also dachte ich mir: „Okay, dann fahre ich halt mit Freunden die Ostküste von Connecticut bis South Carolina ab und lasse mich überraschen."

Wir waren mit dem Wagen unterwegs, als wir in South Carolina in der Stadt Charleston von der Boone Hall Plantage hörten. Auf dieser Plantage wurde die TV-Serie „Fackeln im Sturm" mit Patrick Swayze gedreht. Ich war neugierig, denn diese Plantage kannte ich von den Filmen und schon immer hatte sie mir außerordentlich gut gefallen. Aus diesem Grund entschieden wir uns, sie aufzusuchen.

Es war ein warmer und milder Sommertag. Die Baumallee zur Plantage war prächtig und beeindruckte mich sehr. Riesengroße Eichen, die mit ihren Ästen und dem spanischen Moos fast bis zum Boden reichten, säumten den Weg über einen Kilometer lang zur Plantage. Alles war grün, sauber und eigenartig still. Nachdem wir die

Baumallee hinter uns gebracht hatten, fuhren wir durch ein geschmiedetes Eisentor. Nicht weit davon parkten wir unser Auto und stiegen aus.

Das Herrenhaus war umgeben von grünen Wiesen. Auf der linken Seite befand sich ein kleiner See. Direkt am Wasser stand wieder eine sehr große Eiche. Auf der rechten Seite befand sich ein weißer Stadel, in dem das Werkzeug und alte Kutschen untergestellt waren. Alles war gepflegt und es wirkte auf mich so bewohnt, als würde der Südstaatler Orry Main, gespielt von Patrick Swayze, gleich um die Ecke biegen.

Es war uns erlaubt, das Herrenhaus zu betreten und durch die Räumlichkeiten zu schlendern. Es gab sogar eine kurze Führung. Dadurch konnten wir uns die Salons, die Küche und den Stiegenaufgang ansehen. Innen war dieses Herrenhaus ziemlich eng und klein. Von außen wirkte es viel größer, als es in Wirklichkeit war. Bei der Führung wurde uns erklärt, dass die Salons der Plantage für die Dreharbeiten zu klein gewesen wären. Daher entschied sich das Filmteam, Szenen des Films, die nach dem Drehbuch größere Räumlichkeiten benötigten, auf einer anderen Plantage aufzunehmen. Für Einstellungen und Szenen, die jedoch im Freien gedreht werden mussten, wurde die Plantage Bone Hall herangezogen, nicht zuletzt aufgrund der schönen Außenfassade und der Veranda, die so einladend und romantisch wirkten.

Als ich durch die Salons schritt und mir die Antiquitäten ansah, hatte ich ein bisschen das Gefühl, als würde ich ein Museum besuchen. Bis dahin gab es auch nicht wirklich etwas Außergewöhnliches zu berichten. Ich war einfach nur dabei, eine Plantage zu besichtigen, was soll sich denn da schon Merkwürdiges ergeben?

Nachdem wir mit der Tour fertig waren und ich mich wieder im Freien befand, umkreiste ich das Herrenhaus. Der Garten war sehr gepflegt, ein Gehweg war angelegt worden und so schlenderte ich alleine vom Haus zum See, vom See zum Stadel, ja und vom Stadel zu den Ziegelsteinbaracken.

Es war eigenartig. Plötzlich bekam ich ein ganz befremdendes Gefühl in meinem Magen. Hier stimmte etwas nicht. Ich ging langsam die fünf Baracken ab, in denen früher Sklaven wohnten. Die Baracken waren aus Ziegelstein, hatten Holzfenster, eine Holztür und ein Ziegeldach. Es waren ganz kleine Häuschen. Der Innenraum war nicht größer als vielleicht zwölf Quadratmeter. Bei der zweiten Baracke blieb ich stehen und lauschte, es war nichts zu hören. Jedoch zog mich hier irgendetwas magisch an. Ich kann es in Worten kaum beschreiben, welches Gefühl mich durchdrang. Es war so, als müsste ich unbedingt in dieser Baracke etwas nachschauen, um etwas verloren Gegangenes wieder zu finden. Nun denn, ich betrat also die zweite Baracke ganz allein. Niemand begleitete mich. Umgeben von Stille stand ich also da und es schnürte mir die Kehle zu. Die Baracke war vollkommen leer. Der Boden bestehend aus Lehm war kühl und feucht. An der rechten Seite befand sich eine Feuerstelle, ein alter verrosteter Haken ragte aus der Wand hervor. Wahrscheinlich wurden hier Töpfe aufgehängt, direkt über dem Feuer. Was war bloß los mit mir? Ich konnte es nicht fassen. Ich stand in dieser Baracke und Ehrfurcht ergriff mich.

Da plötzlich geschah es. Ja endlich, jetzt wurde es mir klar. Ich verstand, obwohl ich keine Beweise dafür hatte, wusste ich instinktiv, dass ich vor langer Zeit hier gelebt hatte. Der Gedanke, „mein Gott, ich habe hier gelitten als Sklave oder als Sklavin!", schoss mir durch den Kopf. Das hier war also in einem anderen Leben mein zu Hause. Ich war sehr betroffen, blieb nur ruhig stehen und fühlte.
Sklaven hatten ein so hartes Leben und nun stand ich wieder mitten in meiner alten Hütte. Einige Minuten verblieb ich in diesem Raum, dann hielt ich es nicht mehr aus. Ich stolperte ins Freie und ließ die dunkle Baracke hinter mir. Es war enorm gruselig. Ich lief Richtung Herrenhaus, der Weg, der sich vor mir ausbreitete, schien endlos zu sein. Ich fühlte mich verfolgt. Immer wieder drehte ich mich um, vielleicht war da doch jemand, der mir nachstellte. Nach vermutlich zweihundert Metern hatte ich endlich wieder das Herrenhaus erreicht. Dort angekommen erzählte

ich meinen Freunden, von meiner Angst und meinem Glauben, dass ich hier gelebt hätte. Die verstanden aber gar nichts, lachten mich aus und erklärten mir, dass ich leicht irre sei.

Ich wusste nichts von Reinkarnation. Niemals zuvor konnte ich mir vorstellen, dass ich schon einmal auf Erden gelebt hatte. Aber im Zusammenhang mit dieser Baracke erahnte ich mit intuitiver Gewissheit, dass sie einmal mein zu Hause war.

Das Herrenhaus war mir nicht vertraut. Als ich durch dessen Räumlichkeiten ging, hatte ich nicht das Gefühl, dass ich diese schon von früher her kannte. Irgendwie auch verständlich. Warum sollte mir die Ausstattung der Zimmer bekannt sein? Als Sklave hätte ich diese Räume nie betreten dürfen. Ja und die äußere Fassade kannte ich schon aufgrund der Filme. Aber diese Baracke und vor allem dessen Innenraum wurden in den Filmen nie gezeigt. Trotzdem waren mir der Geruch und die räumliche Schwingung dieser einen Sklavenunterbringung nicht fremd. Wissenschaftlich und logisch, ist dieser Eindruck ganz sicher nicht zu erklären, aber trotzdem bin ich voller Gewissheit, dass ich hier ein Schicksal durchlebte.

Zurück in Europa vergingen einige Jahre bis ich mich Meditationstechniken zuwandte. Ich hatte diesen Reinkarnationseindruck, den ich auf der Plantage fühlte, schon längst wieder vergessen,

als sich eines Tages doch eine Vision von diesem Leben ergab.
Ich sah nur ein Bild, wo ich mich als männlicher Sklave wieder erkannte, als einen schmächtigen jungen Burschen, der noch keine dreißig Jahre alt war. Meine Haut war dunkel, mein kurzes Haar war schwarz, jedoch ohne Krause. Ich hatte also keine Krause. Sofort wusste ich gefühlsmäßig, dass ich ein Mischling war. Folglich gehörte ich weder zu der weißen noch zu der schwarzen Rasse. Ich war bei meinen Mitmenschen nirgendwo zu Hause, denn ich durfte mich weder zu den einen noch zu den anderen zugehörig fühlen.

Ich sah einen großen Baum, an dem ein Seil befestigt war. Einige weiße Männer standen um mich herum. Als ich das Bild genauer betrachtete, erkannte ich, dass meine Hände am Rücken gefesselt waren.
Ein Seil mit einem schlecht gebundenen Knoten wurde mir um den Hals gelegt. Den Knoten im Genick hatten meine Peiniger absichtlich schlecht gebunden, damit mein Genick nicht gleich brechen würde.
Ich wurde hochgezogen und erst jetzt sah ich, dass ich mit einer dunklen Paste befleckt war. Die Männer unterhielten sich dabei. Ich bemerkte, dass sie keine negativen Gefühle oder Hassparolen von sich gaben. Sondern sie behandelten mich nebensächlich, so ähnlich, wie wenn jemand ein Tier schlachtet und dabei anderen erzählt, was er in seinem letzten Urlaub unternommen

hat. In den Augen dieser Männer war ich kein menschliches Wesen und sie blieben vollkommen unberührt, als ich nach Luft röchelte.

Ich war vollkommen auf mich selbst gestellt, andere schwarze Menschen waren nicht anwesend. Einer der Männer nahm eine Fackel und zündete gleichgültig meine Beine an. Da erkannte ich, das ist ja meine Hinrichtung, ich werde da gelyncht. Es war entsetzlich! Ich brannte von unten hinauf und schrie qualvoll. Mein gesamtes Gesicht spiegelte den Schmerz durch die Flammen wider, es entstellte sich durch diesen Stress vollkommen. Ich konnte in meiner Vision die Schmerzen nicht mehr spüren, jedoch fühlte ich die Angst noch einmal, die ich damals beim Sterben hatte.

Ich bin mit einer enormen Angst gestorben und es hatte auch ziemlich lange gedauert, bis endlich mein Genick brach. Ich hatte also einen schlechten Tod und diese Angst, die ich damals beim Sterben empfand, verpuffte nicht einfach, sondern sie beeinträchtigte scheinbar nachträglich meine Seele.

Vielleicht hielt sie auch meinen Geist gefangen oder wurde durch diese Erfahrung abgespeichert. Ich weiß es nicht, aber eines war für mich klar, in diesem jetzigen Leben war diese Angst wieder live dabei. Sie entpuppte sich zum einen als Versagensangst und zum anderen war ich in meinem sprachlichen Ausdruck so blockiert, als hätte ich noch immer ein Seil um meinen Hals gebunden.

Mit dieser Vision konnte ich mir erklären, warum ich schon in meinen Jugendjahren leichte Sprachstörungen hatte. Immer wieder passierte es mir, dass ich Grammatikfehler beim Sprechen machte, obwohl Deutsch meine Muttersprache ist. Ziemlich bald wurde Tante Ingrid, eine großartige Germanistin mit viel Geduld, von meiner Mama angesprochen, was denn da zu tun sei. Tante Ingrid hatte den guten Ruf sehr geduldig zu sein, da sie mit Onkel Friedi verheiratet war, ja und es heute noch immer ist.
Onkel Friedi ist zwar ein ganz lieber, großzügiger und vernünftiger Onkel, jedoch beim Autofahren fährt er wie ein Wilder. Irgendwie will er allen auf der Autobahn beweisen, dass er der Schnellste sein kann, obwohl er doch heute schon im Besitz eines Pensionistenausweises ist. Ihr könnt euch das wahrscheinlich nicht so richtig vorstellen, meine Freunde, aber jedes Mal droht Tante Ingrid ein Nervenzusammenbruch, wenn sie nach so einer aufrüttelnden, ganz und gar nicht erholsamen Autofahrt aus dem Wagen aussteigt. Es ist ihr dann wieder einmal anzusehen, dass niemand anderer als Onkel Friedi hinter dem Steuer saß, der sie vollkommen gegen ihren Willen durchschüttelte.
Ja, meine arme Tante musste da schon einiges aushalten.

Nun wurde Tante Ingrid betreffend meinem sprachlichen Versagen zu Rate gezogen. Mama sprach dann Sätze wie: „Du Ingrid, kann denn das

sein, dass das Kind nicht richtig sprechen kann? Woher hat sie denn das schon wieder?"
Tante Ingrid fand dann natürlich als Germanistin die Lösung, indem sie meinte: „Nun ja, gute Literatur soll sie lesen, das könnte helfen." Daraufhin sagte mir meine Mama Sätze, wie: „Lies mehr! Hörst du? Tante Ingrid sagt, du musst gute Literatur lesen! Also, dann mach' das doch!"

Nun was konnte ich dazu sagen? Ich wusste, dass es nicht an den Büchern lag, denn ich las eigentlich schon immer sehr gerne gute Literatur. Am Lesen lag es also nicht.
Es war einfach diese komische Angst, die mich andauernd wieder stolpern ließ. Da wurde ich in der Schule beim Referat ausgelacht, weil ich wieder einmal einen nicht der deutschen Sprache zugehörigen Satz von mir gegeben hatte. Die Lehrerin verdrehte ihre Augen und die Mitschüler kicherten los. Ich versuchte dann mein Referat zu retten, aber leider wurde es mit meinem Gestammel meistens schlimmer. Ich bekam enorme Panik, japste herum und ruderte dabei mit den Armen. Mein Gesicht wurde knallrot und meine Kehle fühlte sich an wie die Sahara.
Normale einfache deutsche Sätze wurden von mir in einer Satzstellung wiedergegeben, die mehr als verdreht waren. Ich war einfach nicht mehr verständlich oder Herr meiner Lage. Es war wirklich peinlich, bis ich endlich aufgab und mich in Schweigen hüllte. Dabei hatte ich das Gefühl, dass mir jemand einen Strick um meinen Hals

zusammen ziehen würde. Mein Herzschlag wurde schneller und meine Atmung flacher.
Ja meine Freunde, es war ein fruchtbares Gefühl. Am Ende schüttelte meine Lehrerin über mich den Kopf und entließ mich aus meiner Präsentation. Ich hatte dann immer das Empfinden, vollkommen gescheitert zu sein und die Versagensangst war tadellos wachgerüttelt.

Ja, ja, diese Angst des Versagens bescherte mir noch viele schwere Stunden. Sogar das Jusstudium auf der Uni Wien konnte mir mein Urvertrauen in meine Fähigkeiten nicht wiedergeben, da ich noch mit einer anderen Schwäche zu kämpfen hatte. Ich konnte mir nämlich leider den umfangreichen Lernstoff nicht merken. So ein Pech! Aber das Leben musste ja irgendwie weiter gehen.

Der Heilige

Ziemlich schnell erkannte ich, dass das Studium der Rechtswissenschaften nichts für mich war. Jus war sowieso viel zu trocken und irgendwie wirkte es auf mich wie ein besonderes, intravenöses Schlafmittel; denn immer wenn es auf der Uni flott in Richtung Juristerei ging, schweifte mein Verstand ganz von alleine ab. Er ließ sich dann überhaupt nicht mehr bändigen und am Ende wusste ich nie, worüber der Professor sprach. Ja, was soll ich sagen, ausgerechnet mir passierten diese Konzentrationslücken! Ich war einfach fassungslos!

Nun wollte ich aber nicht gleich aufgeben. Vielleicht müsste ich mich auch nur ein bisschen durchbeißen. Mit solchen Gedanken versuchte ich, mich zu trösten. Darum entschloss ich mich, alles Mögliche auszuprobieren, denn schließlich hatte man mir ja schon einmal gesagt, ich hätte ein Elefantenhirn, weil ich mir Gespräche über viele Jahre merken konnte.

Ich versuchte also im Wald, neben einem Ameisenhaufen zu lernen. Ich glaubte, dass die Ameisen mich aufgrund ihres besonderen Arbeitseifers positiv inspirieren könnten. Jawohl, da saß ich dann auf einen Baumstumpf und gab mir besonders viel Mühe. Die ganze Natur, egal wer gerade an Getier unterwegs war und bei mir vorbei schaute, konnte mir aber nicht helfen. Trotz dieses Versuchs wollte mein Verstand, den Lernstoff einfach nicht aufnehmen, obwohl nur gute Luft um mich herum war. Ich hatte das Gefühl, dass die ganze Zeit in meinem Kopf der Knopf „Löschen" gedrückt war, anstatt „Aufnahme".

Schlussendlich war die Zeit angebrochen, in der ich fieberhaft alle möglichen Lernpositionen wechselte. Ich versuchte sogar im Badezimmer zu lernen, weil am Schreibtisch oder auf der Couch gar nichts mehr ging. Ich erinnere mich, einer meiner letzten Versuche fand noch im Park statt. Auf einer Schaukel gab ich mich dem bürgerlichen Recht hin, aber jedes Mal, wenn ich das Skriptum schloss, wusste ich nicht mehr, was ich gelesen hatte.

In dieser Situation war ich mir nicht mehr sicher, ob ich nicht eher ein Nudelsieb in meinem Kopf hatte, anstatt Milliarden von Gehirnzellen. So oder so, es musste etwas in meiner embryonalen Entwicklung schief gegangen sein, anders war das ja gar nicht zu erklären. Denn mein Wille war zwar stark, aber mein Gehirn verhielt sich so, als wäre es schon in Pension gegangen.
Ich war also wirklich am Verzweifeln und es war mir auch schleierhaft, warum ausgerechnet mein Verstand dann automatisch auf Durchzug

schaltete, wenn es um die gute Juristerei ging. Also jeder andere Student am Juridicum verstand das Thema Jus, nur ich nicht! Wie kann es denn bitte so etwas geben? Was für ein Desaster, was für ein jämmerliches Dasein!

Wo ich aber mit „Sehr gut" abschloss, das muss ich abschließend schon sagen, war interessanterweise die Rechtsphilosophie. Nur erkannte ich leider damals noch nicht, dass die philosophischen, geisteswissenschaftlichen Studien mir besonders gut gelegen gewesen wären.

Aufgrund dieser Umstände traf ich eine Entscheidung und brach mein Studium ab. Ich ging arbeiten, so wie es viele andere Menschen auch tun. In einer amerikanischen Fluggesellschaft heuerte ich an, stellte Tickets aus und schrieb Rechnungen.
Es war ein langweiliger Job und ich führte ein langweiliges Leben. Bis zu neun Stunden starrte ich täglich in überalterte Computerbildschirme, die vor sich hinknisterten. „Was für ein Jammer", dachte ich mir damals und konnte beobachten, dass mir verdächtig viele Haare ausfielen und meine Augen jeden Abend schmerzten.

Wie dem auch sei, es war eben für mich eine nicht so gute Zeit. Nach wie vor war ich auf der Suche nach dem Sinn meines Daseins und mein mangelndes Selbstwertgefühl folgte mir auf Schritt und Tritt. Das Jusstudium hatte mir nicht wirklich etwas eingebracht, mit Ausnahme von Wolfgang, den ich damals kennen lernen durfte. Er war für mich ein Lichtblick in meinem kurzen Leben. Oft hatte ich den Gedanken: „Na, wenigstens ein guter Mann hat dabei herausgeschaut, wenn schon alles andere eine mittelmäßige Katastrophe war."

Damals hatte ich das Gefühl ein schwacher, unwissender Mensch zu sein. Dazu kam noch, dass es immer wieder Menschen um mich herum gab, die mir das Selbstvertrauen nicht gerade stärkten.
Dieses Minderwertigkeitsgefühl in meinem Sein störte mich enorm und ich musste es irgendwie transformieren. Ich wollte in meinem Leben nicht stehen bleiben, den Kopf nicht für immer in den Sand stecken und mir dabei einreden, dass ich nichts mehr verwirklichen könnte. Es musste doch etwas geben, das zu mir passte und das ich gut können würde.

Durch Zufall hörte ich von einem heiligen Mann in Indien. „Ein Heiliger also", dachte ich mir und überlegte: „Vielleicht ist er ja die Lösung zu meinem Problem!"
Ich fand heraus, dass viele Menschen aus allen möglichen Ländern der Welt ihn besuchten. Ich war neugierig und daher besorgte ich mir ein paar Bücher über diesen heiligen Mann. Ich wollte wissen, wie man zu sein hätte, damit man heilig wird. Außerdem musste ich herausfinden, ob

dieser Mann überhaupt ein Heiliger war. Also wie sieht denn die Heiligkeit endlich aus? Dieser Heilige wurde von seinen Besuchern Baba genannt, ähnlich wie die deutsche Benennung für Papa, und er lebte im Staat Andhra Pradesh im Distrikt Ananthapur in Südindien, nahe dem Äquator. Nachdem ich einige Bücher gelesen hatte, war ich ziemlich neugierig und wusste intuitiv: „Ja, ich sollte diesen Baba besuchen, er könnte glatt meine Lösung sein."

Die Lehre von diesem Inder war nichts Neues. In seinen Büchern wurden die Upanischaden ausgelegt.
Diese Philosophie geht davon aus, dass die gesamte Menschheit eins wäre. Also kurz gesagt, wir sind alle Brüder und Schwestern, eigentlich so wie es auch das Christentum lehrt. Vom Gefühl her, wusste ich das schon immer. Bereits als Kind hatte ich die Empfindung, dass wir alle eins wären, so ähnlich wie es der Zucker im Schokolade ist.
Da gibt es weißen, braunen und schwarzen Schokolade mit unterschiedlicher Größe oder Form, der Zucker jedoch ist in allen der selbe. Also ist diese Idee, dass wir alle eins wären, ziemlich logisch. Verstanden?
Nun laut diesem Heiligen kommen wir alle von demselben höchsten Wesen, das manche auch Gott nennen. Damit lehrte er zum einen diese Einheit, diese Bruderschaft der Menschheit. Zum anderen betonte er auch noch die Gleichwertig-

keit aller Weltreligionen und dass der Mensch unbezahlbar wertvoll sei. Unbezahlbar wertvoll, ja diese Lehre gefiel mir sehr gut, denn nun konnte ich wieder ein bisschen mein Selbstwertgefühl reparieren, das zusätzlich durch das gescheiterte Jusstudium in Mitleidenschaft gezogen worden war.
Jetzt erkannte ich: „Juchhe, es geht wieder aufwärts, ich bin ja ein wertvoller Mensch, das sagt ja schließlich ein Heiliger in Indien. Wer braucht den da bürgerliches Recht, wenn man die jahrtausend alten Upanischaden haben kann."

Nun gut, ich war von diesen Büchern fasziniert. Vor allem konnte ich mit so einer angenehmen Lektüre besser einschlafen, das hatte natürlich auch eine praktische Wirkung. Obwohl Jus generell eine einschläfernde Wirkung bei mir erzielte, war es mir trotzdem nicht möglich, mich nach der Lektüre von Rechtsbüchern, entspannt meinen Träumen hinzugeben. Da half auch nicht der von Tante Greti empfohlene Johanniskrauttee, um meine angeschlagenen Nerven zu besänftigen.

Nun hatte ich also wieder ein Ziel vor Augen, ich wollte auch einmal einen richtigen Heiligen sehen. Denn wenn dieser Baba wirklich heilig sein sollte, dann wollte ich das auf keinen Fall versäumen, ist doch klar.
Immer wieder spielte ich mich mit dem Gedanken, nach Indien zu fliegen. Gedanklich malte ich mir

aus, wie es sein würde ihn zu besuchen. Ich erzählte dieses Vorhaben nur Mama, da ich bei meiner übrigen Familie eher auf Widerstand stieß, was diesen heiligen Inder betraf. In meiner Familie wollte nämlich niemand daran glauben, dass es sich um einen richtigen Heiligen handelt.

Während dieser Zeit hörte ich von einem kranken Onkel meines Freundes Wolfgang. Er war sechsunddreißig Jahre alt und Vater von drei Kindern.
Onkel Bobby war dabei, sein zweites Bein zu verlieren. Als starker Raucher hatte er eine Gefäßkrankheit und es war ihm bereits das linke Bein amputiert worden. Die Ärzte rieten ihm, auch sein rechtes Bein unterhalb des Knies amputieren zu lassen, da die große Zehe schon abgestorben war. Immerhin war sie schon ganz schwarz. Aufgrund dieses körperlichen Zustands waren seine Tage von großen Schmerzen ausgefüllt, die ihn mittlerweile auch nicht mehr schlafen ließen. Nun hegte Bobby den Wunsch, mich kennen zu lernen, denn er wollte mehr über Indien erfahren.

Unbeholfen besuchte ich diesen Mann und war betrübt, als ich ihm gegenüber saß. Er war abgemagert und man sah ihm seine großen Schmerzen an. Ich begann, ihm von Indien zu erzählen, alle möglichen Geschichten, über die ich in den Büchern gelesen hatte. Bobby sagte mir, dass er auch gerne nach Indien fahren würde, es ihm aber aufgrund des Zustandes seines Beines nicht möglich sei.

Im Oktober plante ich endlich, den indischen Subkontinent zu besuchen. An und für sich wollte ich diese Reise alleine antreten, wusste ich doch, der Flug würde lange dauern und zudem hatte ich keine Erfahrungen mit Indien. Ich hatte großen Respekt davor, Asien zu bereisen, aber trotzdem verspürte ich in mir den Wunsch, speziell Bobby zu helfen.

Ja, und damit traf ich eine wichtige Entscheidung, die mein Leben und das Leben von Bobby ändern sollte. Ich ging spontan zur Air India und buchte einen Flug für uns beide zu Baba. Ich hatte ihn nicht einmal gefragt, ich tat es einfach und fühlte, die richtige Entscheidung getroffen zu haben. Anschließend rief ich ihn an und sagte: „Hey, habe ich dir schon gesagt, dass du mit mir nach Indien fliegst?" Ich wartete gespannt auf seine Reaktion, die prompt folgte. Bobby antwortete: „Ja, ich komme mit!"

Der Abreisetermin rückte immer näher und ich begann immer mehr zu zweifeln, ob es von mir richtig gewesen war, diese Entscheidung getroffen zu haben.
Ja, ich bekam unerwartet kalte Füße mit meinen sechsundzwanzig Jahren. Ich bereute es, Bobby die Zusage gemacht zu haben, ihn auf die Reise mitzunehmen. Keine einzige Impfung hatte er

durchführen lassen, die für den Äquator in Südindien vorgesehen war. Zusätzlich war keine Versicherung bereit, einen Rücktransportvertrag mit ihm abzuschließen, da er ja kurz vor einer Blutvergiftung stand. Ich dachte also dauernd darüber nach, was ich tun würde, wenn Wolfgangs Onkel in Indien sterben sollte.

Aufgrund dieser Situation und der verwirrenden Gedanken, die mich schließlich Tag ein und Tag aus begleiteten, hatte ich schon das Bild der Urne vor meinen Augen und stellte mir vor, wie ich diese seiner Frau übergeben würde.
Nun meine Freunde, es war schrecklich. Wieder einmal befand ich mich im Desaster. Ich hatte regelrechte Panikzustände, da half auch eine wohltuende Dusche nichts mehr. All' mein Vertrauen zu Gott, meinen besten Freund war wie weggewaschen. Also blieb mir nichts anderes übrig, als dem Abreisetermin entgegen zu zittern.

Der Tag der Abreise war gekommen. Bobby und ich fuhren zum Flughafen, mit Rollstuhl, großem Plastikbein und Krücken. Wir gaben das Gepäck und den Rollstuhl am Schalter auf.
Ich verabschiedete mich von meinem Wolfgang. Trotz flauem Gefühl im Magen gingen wir durch den Zoll. Ich war mir nicht sicher, ob ich diese Reise ohne psychischen Schaden überleben würde. Vielleicht müsste ich nach dieser Reise, die Psychiatrie auf der Baumgartner Höhe konsultieren, aber in diesem Augenblick gab es

kein Zurück mehr, denn ich musste doch mein Versprechen halten.

Wir flogen von Wien über Frankfurt nach Bombay. Dort nach einem sehr langen Flug angekommen, wartete ein junger Mann mit einem Rollstuhl vor unserem Gate. Die Klimaanlage hatte die Schmerzen von Bobby noch verstärkt und der Mann mit dem Rollstuhl war unsere Rettung. Als wir durch den Zoll waren und unser Gepäck erhalten hatten, nahmen wir einen kleinen Bus zu unserem Hotel.
Ich habe in meinem Leben öfters Dokumentationen über Indien gesehen. Doch in diesem Moment, als wir durch Bombay fuhren, wurde mir bewusst, wie gut es uns in Europa geht und was für ein großes Geschenk es ist, in Europa zu leben.
Da waren enorm viele arme Kinder und leidende Menschen, die manchmal nicht einmal das Nötigste zum Überleben hatten. Manche von ihnen waren sogar an Lepra erkrankt. Viele dieser Menschen bettelten. Sie waren nur spärlich bekleidet, manche von ihnen trugen nur ein Tuch über den Hüften. Meine Lungen brannten von der schlechten Luft. Es fühlte sich an, als würde ich gleichzeitig zwei Zigaretten rauchen.
In diesem Chaos von schmutzigen Straßen, Slums und bettelnden Menschen erkannte ich, wie unbedeutend meine eigenen Anliegen waren. Plötzlich war auch das Schicksal von Bobby gar nicht mehr so schlimm, denn in diesem Wirrwarr

relativierte sich einfach alles. Ich war erschüttert und schämte mich dafür, dass ich die letzten Wochen nur an meine Probleme und Ängste gedacht hatte.

In Bombay übernachteten wir in einem Hotel, gleich am indischen Ozean gelegen. Ich ging am Strand spazieren und bemerkte, dass der Sand braun und nicht weiß war. Er war sehr verschmutzt, jedoch gut besucht. Einige wenige Buben befanden sich im Wasser und hatten Spaß mit den Wellen. Die Erwachsenen, die scheinbar nicht schwimmen konnten, tummelten sich zwar am Strand, jedoch nicht im Wasser. Sie waren alle vollständig bekleidet, da gab es niemanden der Badekleidung trug. Ich blieb nicht lange am Strand, vor allem weil ununterbrochen Buben mit einem Pferd auf mich zukamen und mich fragten, ob ich es reiten würde wollen.

Zurück in meinem Hotelzimmer bemerkte ich, dass die Laken der Betten aufgrund des Monsuns feucht waren. Ja sogar die Matratze war ein bisschen sumpfig.
Zusätzlich hatte ich auch noch einige Gäste in meinem Zimmer. Das waren sehr flinke, jedoch nicht bösartige Kakalaken. Sie sahen unheimlich groß aus, hatten sehr lange Fühler und einen festen Panzer. Schnell stellte ich den Koffer auf den Tisch, damit diese voluminösen Tierchen vom Boden nicht hinein krakseln konnten. Ein bisschen gefürchtet hatte ich mich vor ihnen ja

schon, denn wer möchte schon im Schlaf gebissen werden. Da es nun doch einige waren, wusste ich keine andere Lösung, als so zu tun, als wären sie nicht da. Nach dem Motto, einfach ignorieren, ist ja nur eine Einbildung, so große Käfer kann es im realen Leben doch gar nicht geben, die müssen ein Irrtum sein, ich verschaue mich, versuchte ich mich zu beruhigen.
Na und dann dachte ich mir: „Das was ich nicht sehe, ist vielleicht auch nicht existent". Nun mit dieser Einstellung schaffte ich es, das Licht auszuknipsen und einfach zu schlafen.

Ja, und wie war es beim Onkel Bobby? Dem armen Mann ging es auch nicht viel besser. Auch er hatte seine ganz persönlichen Mitbewohner in seinem Zimmer, die waren auch nicht viel kleiner als meine. Ja, das ganze Hotel war von solchen Haustieren heimgesucht. Was kann man da machen, außer schlafen gehen?

Schon am nächsten Morgen um fünf Uhr flogen wir Richtung Ananthapur, wo sich der Ashram von Baba befand, eine Tempelanlage mit Unterkünften und Geschäften, fast annähernd so groß wie ein ganzes Dorf in Niederösterreich.
Während des Fluges sangen die Passagiere Bhajans auf Sanskrit. Ähnlich unseren katholischen "Gotteslob" Gesängen hatten diese indischen Gotteslieder göttliche Namen und spirituelle Eigenschaften zum Inhalt. Durch dieses Singen entstand eine entspannte Stimmung im

Flugzeug, die für alle sehr hilfreich war, denn diese Flugmaschine war schon ein bisschen in ihre Jahre gekommen. Als wir endlich angekommen waren, machten wir uns flott auf den Weg, den Ashram zu erreichen. Es wurden uns beim indischen Accomodation Office die Unterkünfte zugeteilt und von da an mussten wir uns trennen.

Bobby war mit drei anderen Männern untergebracht. Ich hingegen trabte meinen Zimmergenossinnen hinterher. Ich war glücklich, denn endlich könnte ich mich von der anstrengenden Reise ein bisschen ausruhen. Wir hatten zu viert ein kleines Zimmer. Ich betrat es und glotzte.
Ja, ich guckte und stand einfach nur still da. „Wo waren bloß die Betten? Schließlich schlafen ja vier Personen in diesem Zimmer", blubberte es sanft durch meinen Kopf. Komisch ich konnte sie nicht ausfindig machen. Nicht einmal ein einziges Bett konnte ich sehen. Warum nicht? Nun ja, es gab einfach keine. Es gab auch keinen Tisch oder Stühle. Es gab nur einen Fliesboden und in der Ecke lagen alte Matratzen, von vorherigen Besuchern.
Ich sah eine Glühbirne und einen Ventilator an der Decke hängen. Ansonsten gab es nichts. Der gesamte Raum war ohne Einrichtung und ich muss gestehen, ich brauchte ein paar Sekunden, um mich zurecht zu finden. Aufgrund dieser Leere, in der ich mich wieder fand, änderte ich sofort meine Einstellung. Ich machte mir auf

einmal keine Sorgen mehr wegen dem nicht vorhandenen Bett, nahm eine rötliche, schon benutzte Matratze, hoffte, dass sie keine Untermieter beherbergen würde und breitete sie auf dem Boden auseinander.

Ich wusste, dass ich darauf gut schlafen würde können und für die nächsten Wochen musste ich eben auf dem Fußboden leben. Warum auch nicht? Schließlich hatten wir eine Glühbirne und Strom. Außerdem war noch ein Bad vorhanden, sogar mit einer westlichen Toilette und einem Waschbecken.

In Indien gibt es auch die Toiletten, wo nur ein Loch im Boden vorzufinden ist. Wir hingegen hatten jedoch Komfort, eben richtige Toiletten und mit dieser Feststellung war mein Tag schon wieder gerettet. Zu einem späteren Zeitpunkt fand ich heraus, dass diese Toilette leider nicht ganz dicht war und so mussten wir Mädels immer gleich aufwischen.

Ich habe täglich das Bad mehrmals sauber gemacht und eigentlich jetzt im Nachhinein betrachtet, war ich in Indien ziemlich oft mit dem Schrubber und dem Putztuch unterwegs gewesen.

Nun ja, nach dem ich mir eine Schlafstätte eingerichtet hatte, kleidete ich mich schnell um, denn ich wollte zur indischen Messe gehen. „Juchhe", dachte ich mir, „endlich würde ich eine heilige Persönlichkeit sehen, die mir ihren Segen erteilt!" Mit einem langen Rock, langem T-Shirt

und einem Tuch um die Schultern eilte ich zum Tempel. Die Nachmittagssonne schien warm, als ich einen gepflegten Park entlang lief. Ich spürte keine Müdigkeit, sondern eine Aufregung, in der ich mich befand, seitdem ich den Ashram betreten hatte. Beim Eingang zog ich meine Schuhe aus und stellte mich hinter anderen Besucherinnen an. Langsam ging es voran.
Ich war angespannt und zugleich begeistert. Die fremden Blumendüfte, die in der Luft lagen, interessierten mich nicht. Ich konnte es kaum erwarten, bis ich endlich diesen besonderen Ort betreten durfte, um das erste Mal einen erhabenen Menschen zu sehen.

Einige tausend Besucher hatten bereits in dieser Anlage Platz genommen. Die Damen saßen auf dem schwarzen Steinboden. Unter diesen Menschen machte sich Stille breit, es war hier möglich, ruhig und nachdenklich zu werden. Kaum jemand sprach, alle Anwesenden gingen in sich. Mir fiel auf, dass wir Mädels auf der rechten Seite Platz genommen hatten. Auf der anderen Seite saßen die Herren und Jungs. Ich setzte mich in eine der letzten Reihen, da es weiter vorne keine Plätze mehr gab und schaute mich genauer um.

Dieser Tempel war riesengroß. Das Dach, verziert mit grüngoldenen Ornamenten, wurde von braunen, glänzenden Säulen getragen. Bunte Vögel flogen ununterbrochen in die Halle, um

gekonnt auf dem Sims der Säulen zu landen. Es waren keine hohen Mauern vorhanden und so konnte diese offene Tempelanlage auch hin und wieder von Affen besucht werden. Innerhalb dieser Halle befand sich ein weiterer kleinerer Tempel.
Voller Verzierungen erstrahlte er in den Farben hellblau, rosa und gelb. In der Mitte befand sich eine Statue von Ganapati Ganesha, jenem Aspekt Gottes, der sich darauf versteht, Hindernisse aus dem Weg zu räumen. Daher wird Ganesha auch mit einem Elefantenkopf dargestellt, denn mit dem Rüssel führt er seine Verehrer aus ihren Schwierigkeiten und schenkt ihnen zusätzlich Weisheit. Ich war beeindruckt von dieser Umgebung und konnte mich kaum satt sehen.

Plötzlich ging ein Raunen durch die anwesende Menge. Was war bloß los? Warum rückten die Damen in Richtung hellblaues Eisentor? Noch während ich mir darüber den Kopf zerbrach, hörte ich um mich herum die Damen flüstern: „He is coming, he is coming."
Was bedeutet das, er kommt, er kommt? Blitzartig wurde es mir bewusst, die Mädels sprechen von dem Heiligen. Oh, jetzt wurde ich nervös, meine Aufregung verstärkte sich. „Dieser Baba kommt", dachte ich mir und da, meine Freunde, erschien er auch schon. Langsam schritt er durch das blaue, rechte Tor. Immer wieder wendete er sich den Damen in den ersten Reihen zu und nahm

von ihnen Briefe entgegen. Dieser heilige Mann war bereits über siebzig Jahre, aber trotz seines Alters sah er großartig aus. Er war von kleiner, schmächtiger Gestalt, hatte ein bisschen dunkle Haut und einen Wuschelkopf. Er trug ein langes, orange gefärbtes Gewand und war barfuss.
Wenn er sich den Menschen hinwandte, sich zu ihnen runter beugte, veränderte sich der Gesichtsausdruck der am Boden sitzenden Damen. Jung und Alt lächelten in der Art, in der die Augen zu glänzen begannen. Sie starrten ihn an und für einen kurzen Augenblick ließ sie scheinbar sein Anblick, ihre Sorgen und Ängste vergessen. Ein Hauch von Frieden musste ihr Bewusstsein durchfluten; ja ich nehme an, in diesem Augenblick waren sie frei von ihren Problemen, denn sie selbst begannen zu strahlen.
Es war befremdend, diese Stimmung der anwesenden Menschen beobachten zu können. Egal wem er sich zuwandte, die Mädels fixierten seine Ausstrahlung und ihr Ausdruck in den Gesichtern wurde weicher. Irgendwie machten sie auf mich den Eindruck, dass sie glücklich waren.

Ich starrte und war fassungslos. Was ging denn hier vor sich? Was ist los mit den vielen Frauen? Immer näher kam der Heilige und ich konzentrierte mich so sehr auf ihn, sodass ich meine Mitmenschen und ihre schönen weichen Gesichter nicht mehr wahrnehmen konnte.

Noch immer bewegte er sich langsam durch die von den Frauen besetzten Reihen. Begleitet wurde er von einem Inder, der ihm hin und wieder die zahlreichen Briefe abnahm.

Ich beobachtete ihn ständig, denn es war mir nicht möglich, meinen Blick abzuwenden. Eine enorme Kraft ging von diesem besonderen Mann aus, die mich so sehr fesselte, dass es mir nicht einmal mehr möglich war, Geräusche oder die begleitende Musik wahrzunehmen.

Dann stand der Baba erstmals frontal vor mir. An die sechs oder sieben Reihen von besuchenden Damen trennten uns voneinander. Plötzlich meine Freunde, da passierte etwas für mich nicht Vorhersehbares. Es schien mir, als ob die Zeit auf einmal still stand. Dieser Heilige sah mir unerwartet direkt ins Gesicht und eigentlich weiß ich nicht, warum er mich so intensiv ansah. Ich starrte in seine Augen und es wurde mir mulmig im Magen. Sein durchdringender Blick verunsicherte mich, denn es kam mir so vor, als ob er in mich hinein sehen konnte, ja als ob dieser Inder über mich Bescheid wusste.

Dann konnte ich etwas Besonderes sehen. Irgendetwas befand sich hinter seinem Kopf. Als er ihn zur Seite wandte, um einen Brief entgegen zu nehmen, da sah ich es ganz genau. Es war ein strahlendes, weißes Licht, in Form eines großen weißen Balls. Das Licht strahlte enorm hell, so wie die Sonne, nur das es weißer und nicht gelblich war. Ich konnte in dieses Licht hineinstarren, ohne geblendet zu werden. Sofort wusste ich,

was ich da zu sehen bekam. Es war seine Aura, die ununterbrochen seinem Hinterkopf folgte. Es war interessant, dieses Licht zu sehen. Ich fragte in mich hinein: „Offenbart dieses Licht seine Reinheit oder vielleicht seine charakterliche Schönheit? Ich vermute schon, denn es war so strahlend und hell! Warum ist das so hell? Wau, ist das stark!"
Während diese Gedanken mir durch den Kopf sprudelten, empfand ich eine Mischung aus Respekt und Ehrfurcht vor diesem Baba. Ja, dieser Mann machte mir plötzlich Angst. Er schien mir so überlegen zu sein, obwohl ja sein Gesicht einen gelassenen Ausdruck widerspiegelte.
In diesem Augenblick wurde mir bewusst: „Penelope, da hast du nicht einen gewöhnlichen Menschen vor dir, so wie es der Bischof bei der Firmung war. Sondern jetzt schaust du wirklich in das Gesicht eines Heiligen oder zumindest eines sehr außergewöhnlichen Menschen."

Ich guckte und starrte, bis auf einmal die Aura verschwand und ich nur mehr die schwarzen Wuschelhaare sehen konnte. Der Baba schritt weiter, durchquerte die gesamte Halle und machte scheinbar eine Menge Jungs glücklich, als er ihre Briefe entgegennahm.
Danach zog er sich für ein Interview mit einer Gruppe von Menschen zurück. Ich erhob mich, um den Tempel zu verlassen. Ich ging in mein Zimmer und staunte. Dieser Mann hatte in einer Art und Weise zu mir gesprochen, die ich noch

nie zuvor bei einem anderen Menschen erleben konnte. Er sprach mit mir kein Wort, jedoch war jede Mimik, ja jede Gestik eine Art Kommunikation, die ich ohne Probleme verstand.
Ganz ehrlich, meine Freunde, nach dieser Begegnung war ich baff. Dieses Erlebnis war für mich außergewöhnlich und ich fand Baba mit seiner Ausstrahlung ziemlich interessant.

Die nächsten Tage im Ashram vergingen ohne Zwischenfälle. Ich schaute mir die Bibliothek an, kaufte eine Menge spiritueller Bücher und trank Kokosnussmilch im Park. Um mich weiter zu bilden, besuchte ich Vorträge von Professoren über menschliche Werte. Diese Herren waren vom Beruf her Lehrer oder Ärzte und sie unterrichteten die Philosophie der Upanischaden ehrenamtlich im Ashram.
Für mich war es spannend, ihnen zuzuhören, denn das erste Mal wurden mir Werte wie Liebe, Gewaltlosigkeit und Wahrheit in einer sehr genauen Weise vermittelt, die ich so von zu Hause gar nicht kannte.

Zweimal täglich besuchte ich die indische Messe. Am Morgen stand ich um halb fünf auf, nahm schnell eine kalte Dusche, warmes Wasser gab es nicht, und eilte zum Tempel. Vor dem Eingang setzte ich mich zu den Damen auf den Steinboden und warteten darauf, eingelassen zu werden. Wir saßen alle ungemütlich und zu eng im Türkensitz aneinander gereiht. Meine Beine

schmerzten und oft war es mir nicht möglich, mich zu strecken, denn so manches indisches Mädel lehnte sich einfach an meinen Rücken und schlief.
Die Sonne war noch nicht aufgegangen, es war noch Nacht und ich kämpfte selbst mit meiner Müdigkeit. Ja, es war schon ein bisschen anstrengend, was ich hier veranstaltete, aber ich wollte unbedingt fromm sein und so hielt ich durch.
Endlich um sechs Uhr wurden Nummern gezogen und die Reihe mit der niedrigsten Zahl durfte dann zuerst den Tempel betreten, um Baba in den ersten Reihen näher zu kommen. Wenn man um diese Zeit den Tempel betrat, dauerte es dann noch eine gute Stunde bis er kam. Man saß also bis zu drei Stunden auf dem Steinboden bevor es losging. Zirka um neun Uhr vormittags gab es dann Frühstück in der Kantine.
Am frühen Nachmittag um halb Zwei gingen das Anstellen und das Warten oft auch in der prallen Sonne wieder von vorne los. Der indische Heiligensegen dauerte bis sechs Uhr abends und jedes Mal wenn so ein Tag im Ashram zur Neige ging, fragte ich mich, wie ich die Torturen des langen Sitzens auf dem Boden wieder einmal überstanden hatte.

Bobby und ich trafen uns täglich am Vormittag nach dem Segen bei der südindischen Kantine. Wir tranken Getreidekaffee und sprachen von zu Hause. Gleich am zweiten Tag gestand mir Bobby, dass er ein bisschen Heimweh hätte und ich muss gestehen, mir ging es genauso. Aber ich sagte zu ihm, dass wir jetzt siebzehn Tage durchhalten müssten und wir auch gar nicht die Möglichkeit hätten, unseren Abflug vorzuverlegen. Endlich beichtete mir Bobby, dass auch er nur ein leeres Zimmer vorgefunden hatte und im Unterschied zu seinen Mitbewohnern konnte er wegen seinem Bein nicht auf dem Boden schlafen. Daher verbrachte er die Nächte aufrecht und halbwach im Rollstuhl, was natürlich eine ziemliche Qual war.

Als ich von diesem Problem hörte, entschloss ich mich, ihm ein Bett aus dem Dorf zu besorgen. Einer von den Jungs, die sich mit Bobby das Zimmer teilten, war ein junger deutscher Baggerfahrer, namens Martin. Mit diesem Burschen machte ich mich auf und fand tatsächlich ein Bettgestell. Eine bessere Pritsche war es. Rasch verhandelte ich den Preis und los ging es damit in den Ashram.

Wir marschierten die Straßen entlang, als Martin plötzlich zu jammern begann, weil er so schwer tragen müsse. Ich versuchte ihn aufzumuntern und sagte, er solle nicht verzweifeln, denn schließlich sei er ja ein junger, starker Mann und ich wäre mir auch sicher, dass er ganz bestimmt in den Himmel kommen würde; da schlussendlich dieses Herumschleppen von Betten in Indien eine gute Tat sei.

Ja, und von da an konnte Bobby mit Hilfe von schweren Schmerzmitteln auch ein bisschen schlafen und musste nicht mehr die ganze Nacht im Rollstuhl verbringen.

Eines Tages während ich in der Früh auf den Heiligensegen wartete, verlautbarte eine indische Dame, dass die Blutgruppe B+ im Spital benötigt werden würde. Da ich andauernd daran interessiert war, gute Taten zu vollbringen, denn die würden mir ja schließlich behilflich sein, meinen Charakter zu verbessern, freute ich mich fast ein bisschen, dass meine Blutgruppe gebraucht wurde. So kam mir die glänzende Idee, in diesem rosaroten Krankenhaus, Blut zu spenden.
Um ja nicht zu spät zu kommen, entschied ich mich, das Frühstück auszulassen, bestieg ein indisches Moped, umklammerte den Bauch des jungen Fahrers und ab ging es Richtung Spital, das an die drei Kilometer entfernt vom Ashram gelegen war.
Dort angekommen, meldete ich mich zur Spende. Die etwas strenge Krankenschwester fragte nach meinem Frühstück und als ich erklärte, ich hätte dieses ausgelassen, weil doch noch die Kantine im Ashram geschlossen gewesen sei, schickte sie mich in das Spitalsrestaurant.
Also fügte ich mich, aß eine indische Palatschinke mit scharfer Soße und rannte danach gleich wieder zur Abteilung „Blutabnahme". Dort angekommen, konnte ich es kaum erwarten, meine gute Tat zu sähen und streckte voller Zuversicht dem Arzt meinen Arm entgegen. Meine Freunde, ich wurde leicht bleich, als mir die

dicke Dimension der Nadel merklich auffiel. So etwas Dickes hatte ich aber zu Hause in unseren medizinischen Einrichtungen noch nie zu sehen bekommen. Ja, ja, es hatte sich um eine Nadel gehandelt, die vielmehr für große, starke Männer vorgesehen gewesen wäre, also für Jungs, die eher zum Schwergewicht zuzuordnen wären. Wie auch immer, diese Nadel machte den Anschein, dass sie ein ziemlich großes Loch in meinem Arm hinterlassen würde.

Als die Schwester sah, dass ich mit Ängsten kämpfte, die von einem geschockten leicht erstarrten Gesichtsausdruck begleitet waren, begann sie ein Lied zu singen. Sie besang Ganesha und da entspannte ich mich auch gleich wieder, biss die Zähne zusammen, stöhnte und hielt das Stechen durch.

Ich war richtig glücklich, als ich die Schmerzen überstanden hatte. Jetzt endlich konnte das Blut fließen und am Ende war da wirklich ein Loch im Arm; denn ich konnte so richtig gut meine beschädigte Vene sehen, aber egal, endlich war meine gute Tat gesät. Belohnt wurde ich mit Fanta und süßen, trockenen Keksen und danach ging es mit dem Moped wieder Richtung Ashram, diesmal jedoch mit ein bisschen weniger Blut im Körper und mit einem leicht schwindeligen Gefühl.

Nun in diesem besonderen indischen Ashram, mit seinen Möglichkeiten einige Mutproben zu absolvieren, war ich unterwegs, um mich auch ein

bisschen indisch einzukleiden. Somit war ein Punjabi mein Ziel. Dabei handelt es sich um ein indisches Kleidungsstück für Damen, bestehend aus einer legeren Hose und einer langen, glitzerverzierten Bluse.
Ich kaufte mir dieses Set an Körperbekleidung und war zufrieden, denn nun wäre ich auch perfekt für den nächsten Heiligensegen gekleidet. Bunte Saris hatten mein Interesse nicht so sehr geweckt, denn mit dieser Damenausstattung bin ich nicht wirklich zurecht gekommen; da stand ich ja mit dem vier Meter langen Tuch mehr im Freien, als das ich bedeckt gewesen wäre.

Ich freute mich, denn noch am selben Tag zog ich den Punjabi an und ging damit zum indischen Tempel, wo ich natürlich vorschriftsmäßig am Boden Platz nahm. Jetzt erst passte ich so richtig gut dazu. Ich war bunt angezogen, wie alle anderen Damen und fühlte mich wunderbar dazugehörig. Nur ein bisschen eng war die ganze Sache, das war mir schon bewusst. Eigentlich steckte ich wieder einmal wie das Michelinmännchen in diesem Outfit, aber ich war trotzdem guter Dinge, dass dies so schon in Ordnung sei.
Meine Freunde, es dauerte nicht lange und da passierte es natürlich. Weil ich irgendwie immer nur herumrutschte, es wieder einmal nicht erwarten konnte, bis Baba kam, platzte die zu kleine indische Hose des Punjabi. Mama Mia, war mir das unangenehm, denn die Damen, die um

mich herumsaßen, nahmen dieses Geräusch natürlich war und gafften auf das zerrissene Teil.

Da saß ich nun mit der Hose, in der Größe „Medium" auf indisch und hörte schon meine Mama sagen: „Du kaufst die Sachen viel zu klein ein!" Dabei musste ich daran denken, wie Mama in ihrer mütterlichen Weisheit einkaufen ging und wahrscheinlich durch Zufall ein Geschäft betrat, in dem es ganz viel Unterwäsche gab. Sie kaufte mir dann spontan Höschen, denn so etwas kann das Kind ja immer brauchen. Sicherlich dachte sie sich dabei: „Nun ja, schauen wir einmal ob es ihre Größe gibt, das Kind braucht ja schließlich XX-Large", und dann würde sie in dem Abverkaufkorb wühlen.
Nun in diesem Korb war diese Größe XX-Large, ein anderer Begriff dafür ist 46er, reichlich vorhanden, da ja nur die wenigsten Menschen solche Zelte brauchen. Ich gebe es ja zu, ich eigentlich auch nicht. Wobei ich aber schon jetzt sagen muss: „Mädels, diese Größe hat im Winter Vorteile, denn solche Unterhosen wärmen ziemlich gut, weil sie leicht bis zum Nabel reichen!"
Nun gerade in dieser Situation in Indien haben mir diese Höschen meine persönliche Würde bewahrt, denn trotz Ratsch war ich nicht gänzlich entblößt, sondern es war noch genug Stoff da. „Danke, Mama!"
Mit dieser spannenden Erfahrung muss ich jetzt aber schon sagen, dass die Begeisterung

indische Kleidungsstücke einkaufen zu gehen, seit diesem Tage bei mir leicht gedämpft war; aber schließlich bin ich ja auch nicht nach Indien gereist, um Shopping zu betreiben.

Die Tage gingen so dahin und manchmal half ich auch in der Kantine. Ich putze das Gemüse, es gab nur vegetarische Gerichte, denn Tiere töten für die Gaumenfreuden soll man nach indischer Essensart nicht.
Manchmal wusch ich auch das Geschirr ab oder schenkte Getränke aus. Es machte mir Spaß, Speisen auszuteilen und in der Kantine mitzuarbeiten, in der sich ausschließlich freiwillige Mädels engagierten. So wie man sich in Indien überall anstellt, gab es auch in der Kantine selbstverständlich zwei Anstellreihen, nämlich eine für die Damen und eine für die Herren.
Die Jungs und die Mädels holten sich also in getrennten Reihen das Essen ab und aßen auch getrennt voneinander. Damit wollte die indische Kantinenchefin einem kleinen Problem präventiv vorbeugen. Bei den Herren drohte nämlich die Gefahr, dass sich eventuell geistige Zerstreuungen eingestellt hätten, verursacht durch die weiblichen Reize der anwesenden Damen.
Auf keinen Fall sollten sich auf dem spirituellen Weg weibliche Hindernisse einstellen und daher durften auf der Herrenseite nur die älteren Damen oder die nicht so gut aussehenden Mädels das Essen austeilen. Damit war unsere strenge Chefin zuversichtlich, dass die Jungs, egal

welchen Alters, nicht von ihren wichtigen spirituellen Einsichten abgelenkt werden würden.
Meine Freunde nun dürft ihr raten in welcher Reihe ich Essen ausgeteilt hatte und wie ich mich fühlte, als ich erfuhr, warum gerade ich auf dieser besonderen Seite mit der Teekanne stand. Aber so ist eben das Leben und schließlich bin ich auch nicht nach Indien gereist, um einen Schönheitswettbewerb zu gewinnen.

Es war bereits die erste Woche meines Aufenthalts vergangen, als ich mich immer wieder dabei ertappte, beim Heiligensegen im Tempel freiwillig weiter hinten zu sitzen.
Alle liebten diesen Baba und wollten in den ersten Reihen sitzen, außer mir. Ich muss nämlich gestehen, ich hatte ein bisschen Angst vor ihm. Er war mir einfach zu stark. Seine Augen, ja sein Blick waren ganz anders, als bei meinen Mitmenschen. Bei ihm hatte ich immer das Gefühl, er würde mein ganzes Sein lesen, ja als könne er alle meine Schwächen sehen. Das ist natürlich hin und wieder unangenehm, denn wir alle wollen doch unsere Mängel verstecken. Es macht wenig Spaß, wenn jemand anderer gleich wissen würde, was mit einem so alles nicht stimmt.
Nun ja, genau das war mein Problem. Baba hatte nämlich einen Art Röntgenblick, ich glaube ähnlich wie Superman. Ich vermutete, dass er meine charakterlichen Schwächen sehen konnte, vielleicht auch aufgrund meiner Aura. Ich habe einmal gelesen, dass in unserer Aura auch

unsere charakterlichen Fehler sichtbar sein sollen. Ich dachte mir damals: „Oh je, dieser heilige Mann sieht mein Aurawölkchen, vielleicht sogar mit grauen Spritzern, weil ich mich schon wieder über eine Inderin ärgerte, die sich in der Reihe vorgedrängt hatte." Na ja, da war meine Panik schon wieder perfekt. Dazu kam noch, dass ich eine richtige Heulsuse im Tempel wurde.
Es ist schwer zu erklären, warum das passierte, mir war einfach manchmal zum Weinen. Tatsache war, dass Baba enorm viel Liebe hatte, er war ungemein süß zu den Menschen und er ging mit ihnen auffallend respektvoll um. Eigentlich hatte ich noch nie einen so zuvorkommenden Menschen kennen gelernt. Er verhielt sich einfach perfekt, denn er schenkte allen Anwesenden, die sich in seiner Nähe befanden, seine hundertprozentige Aufmerksamkeit und dabei verbreitete er einen stillen Frieden.

Ich kann mich erinnern, als ich einmal auf der Hauptstraße vor dem Ashram entlang ging, als ich plötzlich rufende Menschen um mich herum wahrnahm. Scheinbar würde Baba mit seinem kleinen Miniauto die Hauptstraße entlangfahren. Vielleicht war er damals unterwegs in Richtung Spital, ich weiß es nicht. An und für sich liebte er es, die Menschen, die sich für andere engagierten mit einem Besuch zu überraschen.
Sofort fing ich zu laufen an. Mein langer Rock und die offenen Holzschlapfen behinderten mich. Daher wäre mein Laufen eher als Stolpern zu

bezeichnen gewesen. Trotzdem versuchte ich so schnell wie möglich in diese Hauptstraße zu gelangen, damit ich auch Baba aus nächster Nähe sehen würde können.

Meine Freunde, wenn dieser Heilige in den öffentlichen Straßen unterwegs war, dann kam alles zum Stillstand. Ich sah wie die Menschen aus den Geschäften liefen, ungeachtet ob es ein kleiner Supermarkt oder ein Kleidergeschäft war, die Räume und Gebäude leerten sich in Sekundenschnelle.

Geschäftsleute vergaßen sogar ihre Kassen abzusperren, nur um auch einen Blick auf Baba werfen zu können, der gerade im Schritttempo vorbeifuhr. Die Taxis stoppten, die Fahrer stiegen aus und grüßten ihn, indem sie ihre Hände bittend zusammenlegten und ihre Oberkörper nach vorne beugten, so ähnlich wie es die Menschen beim tibetischen Dalai Lama machen.

Der gesamte Verkehr brach zusammen. Alle Autos, Autobusse, Mopeds und Rikschas kamen sofort zum Stehen. Die Menschen, welche sich in einem Bus bequem gemacht hatten, pressten ihre Gesichter gegen die Fenster. Indische Bauarbeiter, die auf ihren Gerüsten standen, sprangen gekonnt auf den Boden und liefen in Richtung Babas Auto.

Ich selbst war ja auch unterwegs und kam hinter einem großen Polizisten zu stehen, der mich mit seinem Schlagstock ziemlich unfreundlich zur Seite stupste. Dabei traf er mich in den Magen, aber der kurze Schmerz war mir egal, denn ich wollte Baba von nächster Nähe sehen. Also japste ich: „Baba, Baba please I want to see him!" Der Polizist verstand und ließ mich am Straßenrand stehen.

Er hatte ein junges Gesicht, blitzende Augen und einen Schnurrbart. Er war wütend, denn es war ihm ein Anliegen, Ordnung in das Chaos der Straße zu bringen, das sich aufgrund von Babas Auto in kürzester Zeit ergeben hatte. Er breitete seine kräftigen Arme vor mir aus, drängte andere nervös hupfende oder stehende Inder zurück, damit Babas Auto ungehindert vorbeifahren konnte.

Ich hingegen nützte die Gelegenheit und legte meine Hände auf die Schulter des Polizisten. Ich hielt mich an ihm fest, stellte mich schnell in meinen Holzschlapfen auf die Zehenspitzen, suchte Gleichgewicht, ja und dann sah ich ihn im Auto sitzen, das gerade im Schritttempo an uns vorüber fuhr.

Ganz ruhig blickte Baba die Menschen an, lächelte dabei, hob seine Hand zum Segen, so ähnlich wie es auch der Papst in Rom tut und verströmte dabei das höchste Glück, das es auf Erden gibt, das Glück, das alle Menschen, alle Lebewesen in dieser Welt verstehen können, das keiner Sprache bedarf und von allen Menschen gesucht wird, die Liebe.

Was wir alle in diesem Augenblick gemeinsam hatten, die Geschäftsleute, Taxifahrer, Schulkinder, Bauarbeiter, Besucher aus allen Kontinenten, Buschauffeure, Bettler und indischen

Kühe war ein bezauberndes Glücksgefühl, das sich in unseren Gesichtern widerspiegelte und uns alle durchströmte.

Wir alle wussten, ja wir sind eins. Eins mit Baba, eins mit Gott und eins mit jedem Menschen auf Erden. Was für ein wunderbares Gefühl der Leichtigkeit und der Brüderlichkeit! Als Babas Auto schon wieder hinter einer Straßenkurve verschwand, löste sich die Menge auf und der strenge Polizist, der mir gerade noch seinen Schlagstock in den Magen gerammt hatte, wandte sich zu mir um.

Dieser Mann hatte plötzlich Tränen in den Augen und meine Freunde, ich auch. Unsere Blicke trafen sich, wir lächelten uns an und gingen unsere Wege. Was für ein Augenblick!

Und dann kam er, dieser ganz besondere Morgen, an dem ich mich wie immer zurecht machte, um in den Tempel zu gehen. Es war für mich kein gewöhnlicher Morgen, sowie es die anderen bisher waren, denn ich bemerkte unerwartet eine Veränderung in mir.

Ich muss zugeben, es war keine Positive. Es war wirklich ein Jammer, da jeglicher Friede, den ich im Ashram erfuhr, auf einmal dahin war. Warum? Na ja, ich erwischte mich dabei, dass ich immer wieder ein Schimpfwort dachte. Ununterbrochen dachte ich ein bestimmtes, schlechtes Wort. Ich möchte es hier nicht bekannt geben, aber ich kann nur so viel sagen, es war der schlimmste Fluch, den ich in der deutschen Sprache kenne und meiner Meinung nach, befand ich mich in einem bedenklichen Zustand. Ja, ich hatte das Gefühl, reif für ein Irrenhaus zu sein, das mich ganz sicher herzlich und gerne aufgenommen hätte, allein schon aufgrund der spannenden Forschungsmöglichkeiten.

Meine Freunde, es war entsetzlich, denn ich konnte meinen Verstand nicht mehr abstellen. Ich befand mich in einer unmöglichen und äußerst primitiven Situation, denn ich war nicht mehr Herr meiner Gedanken und erkannte mich nicht mehr wieder. Wo andere Besucher im Ashram brav den Namen Gottes oder ein Mantram rezitierten, wiederholte ich in meinem Kopf dieses schreckliche, böse Schimpfwort.

Natürlich zwang ich mich, ein Gebet zu wiederholen, wie „Herr Jesus Christus erbarme dich meiner" doch hallte dahinter immer wieder diese Beleidigung hervor. Zuerst kam mir die Idee, na ja, wenn ich darüber schlafe, dann würde es am nächsten Tag bestimmt besser werden. Aber leider war das Gegenteil der Fall. Ich dachte es ununterbrochen, egal ob ich mich zum Heiligensegen anstellte, essen ging oder unter der Dusche stand. Es wollte überhaupt nicht mehr aufhören und ich wurde dabei immer nervöser. Nach zwei Tagen war ich am Ende mit meiner mentalen Kraft, schämte mich sehr und war wirklich verzweifelt, ob denn dies noch der Normalität entspreche.

Es war Nachmittag, ich ging zur indischen Messe. Alle Damen, die sich außerhalb des Tempels angestellt hatten, waren bereits eingelassen worden. Daher musste ich nicht warten und konnte mich sofort in eine der hinteren Reihen niedersetzen. In meinem Kopf ratterte das Schimpfwort und natürlich lies es sich nicht abstellen.

Es war beängstigend! Ich mochte mich überhaupt nicht mehr und war von mir selbst ungemein enttäuscht. Nun meine Freunde, dann kam Baba und schritt langsam durch die Reihen, als er plötzlich zu mir blickte, während ich in diesem Augenblick natürlich dieses Schimpfwort gedacht hatte. Baba sah mich an, er durchbohrte mein Gesicht und ich dachte: „Oje, er weiß, dass ich diese fürchterliche Beleidigung denke. Ich werde niemals in den Himmel kommen, wenn ich ein so furchtbarer Mensch bin!"

Eine Welt brach in mir zusammen, Tränen schossen mir aus den Augen, ich fühlte mich so unwürdig. Ich senkte meinen Blick und versuchte mich kleiner zu machen. Aber er fixierte mich und ließ nicht locker. Er betrachtete ziemlich lange mein rotes Tomatengesicht. An die fünfzehn Sekunden werden es schon gewesen sein und die vergingen besonders langsam.

Endlich war unser Blickkontakt zu Ende. Ach' war mir das alles zuwider. Nachdem die Musik abgeschaltet wurde, war die Messe vorbei. Ich stand auf und versuchte sofort, diese von Würde und Heiligkeit aufgeladene Stätte zu verlassen. Ich war von dem Gedanken überzeugt: „Penelope, du gehörst hier nicht dazu!" Natürlich hatten die

anderen Damen auch die Absicht, den Tempel rasch zu verlassen und so stand ich wieder einmal in einer Reihe zum Ausgangstor. „Mein Gott, nervt mich das! Kann denn niemand sehen, wie schlecht es mir geht? Warum ist niemand da, der mich wenigstens ein bisschen mag? Ich ertrage mein Dasein nicht mehr!"
Alle diese Gedanken huschten mir durch meinen Schimpfwort rezitierenden Kopf. Zum Glück ging es doch rasch voran und endlich stand ich im Freien. Ich setzte mich auf den Steinboden vor dem Tempel und ließ meinen Tränen freien Lauf. Ich bebte am ganzen Körper, als wäre ich von einem Schüttelfrost heimgesucht worden.
Ich begann mit Gott, der ja mein bester Freund ist, mental zu sprechen. Ich sagte ihm, wie leid es mir tue und wie sehr ich alle meine Fehler bereute, die ich in der Vergangenheit gemacht hatte. Mir wurde klar, dass meine Sichtweise oft einfältig war und aufgrund dieser Schwäche manchmal meine Gedanken verurteilend und berechnend waren, die ich dann in meiner Not unter den Teppich zu kehren versuchte. Diese Vorgehensweise ist ja auch im Leben einfacher und nun saß ich in Indien, wo mir meine Schattenseiten klar aufgezeigt wurden.
Ich konnte es nicht mehr verleugnen, vieles in der Vergangenheit falsch Gemachte, brach plötzlich in mir auf. Es ist schwer, diese Gefühle, die da hochkommen zu beschreiben. Ich glaube, es war eine Mischung von Bereuen und Todunglücklichsein. Indische Damen, die auch die indische

Messe besucht hatten, kamen auf mich zu, um mir zu sagen, dass ich nicht vor dem Tempel sitzen bleiben dürfe. Ich erhob mich widerwillig und trabte Richtung Unterkunft.

Der Ashram war voller Menschen, sie störten mich alle, denn ich wollte mich gerne verkriechen und alleine sein. Das war aber bei dieser Menschenmenge nicht möglich, also ging ich schnell in mein Zimmer und warf mich auf meine Matratze. Ich vergrub mein Gesicht in meinen Schlafsack und stellte mir vor, wie es wäre, wenn ich nicht mehr existieren würde.

Ich fragte mich selbst: „Warum vergisst du nicht einfach alles? Vielleicht bist du noch nicht so weit oder nicht gut genug, um in diesen Ashram zu fahren!" Ich wollte wirklich aufgeben, und weil ich nicht damit fertig wurde und mich so sehr schämte, ging ich zu ein paar anderen österreichischen Besuchern, um ihnen diese Geschichte zu erzählen.

Diese Damen fanden meinen schimpfenden Kopf gar nicht so schlimm. Sie meinten, diese Sache sei gar nicht so außergewöhnlich. Heilige Menschen können unsere Unreinheiten zum Vorschein bringen. Es sei eine Form von Transformation und im Grunde würde sich daraus bestimmt etwas Positives ergeben.

Diese Worte taten mir gut, denn am liebsten hätte ich mich gleich als Organspender zur Verfügung stellen wollen, um den ganzen Jammer ein Ende zu bereiten. Nun es ist nicht sehr empfehlenswert, wenn man sich in seiner eigenen Haut nicht mehr wohl fühlen kann und das Einzige, was man dann tun sollte, ist Schokolade essen und anschließend schlafen gehen.

Am nächsten Tag fühlte ich mich bei weitem besser. Ich konnte es gar nicht so recht glauben, aber etwas hatte sich in mir verändert. Das Schimpfwort war aus meinem Kopf verschwunden, es war nicht mehr da. Ich war erleichtert und glücklich, denn nun hatte ich wieder ein bisschen Frieden in meinen Gedanken.
Ich ging rasch zum Morgensegen und bekam einen Platz in der ersten Reihe zugewiesen. Ich konnte es gar nicht glauben, dass ich auch einmal so weit vorne zum Sitzen kam. Als Baba durch die Reihe ging, lächelte er mir ins Gesicht, blieb direkt vor mir stehen, und sang drei Mal die Worte: "I love you!"
Ich war glücklich und erleichtert, starrte in sein schönes Gesicht. In diesem Augenblick war ich mir wieder sicher. Ich gehörte doch dazu, es war schon in Ordnung, dass ich nach Indien gekommen war.
Von da an sprach Baba nie mehr wieder mit mir. Aber das machte mir nichts aus, denn ich verstand, er lehrte mich durch die Sprache des Schweigens.
So wie alle Ashrambesucher hofften Bobby und ich auch auf ein Interview mit der österreichischen Gruppe. Damals glaubte ich noch immer an die Wichtigkeit eines Interviews bei Baba. Ich wollte

mich so gerne mit ihm unterhalten. Außerdem wollte ich seine Hand halten und ihn umarmen. Überhaupt wollte ich mit ihm einen ganzen Tag verbringen und ich glaubte auch daran, dass Baba einen besonderen guten Draht zum "lieben Gott" hat und daher für Bobby und sein Bein eine Fürbitte sprechen könnte.

In der österreichischen Gruppe, die ich kennen gelernt hatte, gab es eine junge Dame Namens Tina. Tina hatte schon Interviews mit Baba und so gab ich ihr einen Brief, in der Hoffnung, dass sie diesen überreichen können würde. In diesem Brief bat ich um Hilfe für Bobby und stellt euch vor meine Freunde, Baba nahm meinen Brief.
In unseren letzten Tagen im Ashram konsultierte Bobby einen indischen Arzt, weil ihm die Schmerzmittel ausgegangen waren. Bobby sprach mit diesem Arzt über seine Situation und dieser Mann versprach ihm, bei Baba vorzusprechen, da er manchmal die Möglichkeit hatte, in seine Nähe zu kommen.
Nun geschah es wirklich, dass dieser indische Arzt ein Interview bekam. Es wurde über Bobby geredet und dabei wurde entschieden, dass Bobby sein Bein in Österreich amputieren müsse.
Also es gab keine Baba - Fürbitten, zumindest keine für mich beobachtbaren. Aber wer weiß, vielleicht kommt noch was!
Die zwei Wochen waren schließlich vorüber gegangen und wir traten die Heimreise an. Als ich in das Flugzeug stieg, war ich glücklich, Bobby

doch noch lebend nach Hause zu bringen. Ich hatte mir die ganze Zeit keine Sorgen gemacht, wegen dem Bein. So lange ich im Ashram war, dachte ich nicht an eine Blutvergiftung. Doch nun im Flugzeug konnte es mir gar nicht schnell genug gehen, dass wir wieder den europäischen Luftraum erreichen würden.
Ich schlief neben Bobby in meinem Sitz ein. Ich konnte nicht sehr lange schlafen, als ich plötzlich wach wurde. Bobby saß neben mir, vollkommen regungslos. „Oh Gott", dachte ich, „Bobby atmet nicht mehr!" Ich beobachtete seinen Brustkorb und der bewegte sich nicht mehr auf und ab. Bobby hatte den Kopf auf seine Brust sinken lassen und ich konnte keine Atemzüge mehr wahrnehmen. Jetzt wurde mir so richtig schlecht. „Es kann doch nicht sein, dass er gestorben war, während ich schlief?"
Vor lauter Panik stand ich auf und ging auf die Toilette. Dort wusch ich mir das Gesicht und betete zu meinem besten Freund. Dabei betrachtete ich mich im Spiegel, faltete meine Hände und flehte Richtung Himmel, in dem ich mich eigentlich bei genauerer Betrachtung mitten drinnen befand. Trotz Gebet und der körperlichen Nähe zum Himmel wurde mein flaues Gefühl im Magen nicht besser.
Wieder einmal konnte ich es nicht glauben, in welcher prekären Situation ich mich befand. Ich verließ die kleine Kabine und ging den Gang zurück. Da sprach mich plötzlich Martin an. Ja, der Baggerfahrer war das, ich erinnerte mich.

Gemeinsam hatten wir doch das Bett von Bobby getragen. Neben Martin war noch ein Sitz frei. Ich setzte mich neben ihn und er erzählte mir von seinem neuen goldenen Ring, den er sich in Indien gekauft hatte. Ich sagte zu Martin, dass ich mir aus Schmuck nicht so viel machen würde und ich eigentlich von der Persönlichkeit Babas fasziniert war.

Egal, Martin war einfach wunderbar. Er erzählte mir so viele Dinge, alles mögliche was ihm gerade so durch den Kopf ging. Er lenkte mich fabelhaft ab und ich vergaß vollkommen, dass ich mir Sorgen über das Dahinscheiden von Bobby gemacht hatte. Es dauerte gar nicht mehr so lange, als der Kapitän durchsagte, dass wir in zwei Stunden Frankfurt erreichen würden.

Die Lichter in der verdunkelten Kabine wurden eingeschalten und es gab Essen. Ich verabschiedete mich von Martin und ging zurück zu meiner eigenen Sitzreihe. Ich hielt den Atem an. Dort, Gott sei Dank, war Bobby erwacht und lebte. Ich setzte mich neben ihn und war ungemein dankbar, dass ich keine Leiche nach Hause bringen würde und daher auch keine Einweisung in die Psychiatrie nötig hätte.

In Frankfurt angekommen, wurden wir von einer netten Reisebegleiterin abgeholt. Sie setzte uns auf den elektrischen Wagen und brachte uns zum nächsten Gate. Mit diesem Auto herumzufahren, war wirklich lustig; das gefiel mir außerordentlich gut. Ich fragte sie, woher sie wüsste, dass wir Hilfe brauchen würden. Sie meinte, es wäre nur ein Zufall, dass sie gerade hier wartete. War es wirklich nur ein Zufall oder doch eine Art göttliche Führung? Hat vielleicht Baba doch für uns um Hilfe gebeten?

Bobby und ich kamen gut in Wien an. Es war großartig, wieder zu Hause zu sein. Ich verabschiedete mich von ihm und übergab ihn seiner Frau Roswitha. Sein Bein war fast wie vor der Abreise, es hatte sich nicht stark verändert. Nur die schwarze Zehe war ein bisschen eingedörrter. Als Bobby am selben Tag in das Spital gebracht wurde und er eigentlich in Sicherheit war, schwoll das Bein plötzlich doppelt so dick an.
Es musste amputiert werden und ganz ehrlich meine Freunde, heute glaube ich, dass mein bester Freund auf uns aufgepasst hatte, indem er die ganze Zeit über das Bein wachte, so dass in Indien keine Blutvergiftung oder Schlimmeres geschah.

Ich selbst war auch ein bisschen von dieser Reise mitgenommen, denn gesund fuhr ich ab und mit einer Grippe kam ich nach Hause zurück. Das Schleppen von Gepäck für zwei war eben anstrengend.

Nach der Operation besuchte ich Bobby, der zwar keine Beine mehr hatte, aber doch lachend auf seinem Krankenbett saß. Von da an ist es mit ihm bergauf gegangen. Obwohl er sich nur mehr mit Plastikbeinen fortbewegen konnte, bekam Bobby eine Arbeit und versorgte selbstständig seine Familie.

Auch in mir hatte sich etwas verwandelt. Ich erlebte keinen Tag, an dem ich nicht an meinen besten Freund dachte. Ich ging wie immer in meine Arbeit, aber sie war nicht mehr so langweilig. Ich erfüllte meine Pflichten, aber sie kamen mir nicht mehr so schwer vor. Eigenartig, nicht wahr? Was die Einstellung zum Leben ausmacht.

Die Einsicht

Zurück in Österreich dachte ich viel über diese Reise nach. Da war ich einerseits dankbar, dass dieses Abenteuer zum Glück gut geendet hatte. Andererseits kämpfte ich jedoch ständig mit einer inneren Unruhe. Egal, ob ich auf dem Weg zur Arbeit war oder in den Park Luftschnappen ging, die spirituellen Botschaften in den Vorträgen der Professoren und den Ansprachen von Baba rotierten andauernd in meinem Kopf.

Eines schönen Tages erwachte ich wie immer in meinem Bett. Ich schlug die Augen auf, starrte an die Decke und blitzartig spürte ich, es hatte sich etwas in mir verändert. Schon immer war ich auf der Suche und nun war sie plötzlich greifbar nahe, denn endlich hatte ich sie erworben. Nun, meine Freunde, es handelte sich nicht um eine Eingabe der künftigen zu gewinnenden Lottozahlen, sondern um eine besondere Einsicht. Auf einmal wusste ich, wo es lang ging und worauf es in meinem Leben ankommen sollte. Mit Klarheit erkannte ich für dieses Leben meinen Weg.

Erstmals wurde mir bewusst, dass ich mich vollkommen umprogrammieren wollte; denn die Werte, die mir in meinem westlichen Leben beigebracht wurden, waren für mein weiteres

Fortkommen hinderlich. Diese leistungsorientierten Ansichten, die mir immer wieder eingeimpft wurden, standen für mich plötzlich nicht mehr im Vordergrund, sondern ganz im Gegenteil, sie begannen mich zu langweilen. Plötzlich begeisterte mich die Spiritualität am meisten; ja ich fühlte mich zum traditionellen Christentum mehr hingezogen, das ich auf einmal seit der Indienreise besser zu verstehen glaubte.

Nun wie ist das möglich, dass mir scheinbar in Indien die christliche Lehre besser vermittelt wurde, als in Österreich, das doch ein überwiegendes katholisches Land ist?

Na ja, ich begann das Christentum besser zu verstehen, weil mich Baba die christliche Lehre bei weitem verständlicher und herzlicher lehrte, als die Priester und Klosterschwestern es taten, die ich in meinem Leben traf.

Als ich an einem Karsamstag einmal die Lichtmesse besuchte, viel mir auf, dass der Priester während er durch die Reihen ging, mit seinen Augen die betenden Menschen betrachtete. Sein Blick wanderte hin und her und ich wusste, dieser Mann richtete seine Gedanken nicht auf Gott aus, denn er war nicht wirklich konzentriert. Sein Verstand beschäftigte sich anscheinend mit etwas ganz anderem, als mit dem Gebet, das er gerade eintönig von sich gab. Es enttäuschte mich, dass er nicht bei der Sache war und natürlich entstand in der Messe keine allzu starke spirituelle Stimmung.

Ganz anders war das in Indien, denn dort durfte ich eine mir nicht bekannte Art von Vergeistigung erfahren. Da war schließlich Baba, der mir zeigte, wie gelebtes Mitgefühl und Liebe aussieht und damit machte er diese spirituellen Werte für mich erst sichtbar.

Wenn er von Besuchern Briefe entgegennahm, dann ruhte er in seinem Inneren, höchst konzentriert. Ich konnte erkennen, dass er sich nicht mit Gedanken beschäftigte.
Also das klingt jetzt ein bisschen komisch, aber es schien wirklich so, als ob er seinen Verstand nicht gebrauchte, also da waren keine Gedanken. Er war im hier und jetzt präsent, da sein Blick vollkommen ruhig war. Baba blickte nicht hin und nicht her, betrachtete nicht ruhelos die Damen, sondern hatte sein Bewusstsein nach Innen gerichtet.
Er nahm die Frauen nur so weit wahr, um ihre Briefe entgegen nehmen zu können, dann blickte er sofort wieder gerade aus und kehrte sich nach Innen. Dabei verströmte er eine außergewöhnliche Präsenz, als würden ihn keine Termine beschäftigen, die er höchstwahrscheinlich am Nachmittag zu erledigen hatte.
Er war definitiv in der Gegenwart angekommen, ja ich glaube, sein Geist war ununterbrochen auf Gott konzentriert, denn sein Gesicht war von

Harmonie und Ruhe durchzogen; da war eben eine Art Gelassenheit, die ich noch bei keinem anderen Menschen erleben durfte.

Baba sprach nie verbal zu mir. Trotzdem verstand ich seine stille Sprache, seinen gelebten Frieden, der für viele Besucher unübersehbar war. Mein Denken wurde jedes Mal vollkommen ruhig, wenn er in meiner Nähe durch die Reihen ging und instinktiv wusste ich, dass auch Christus auf diese Art und Weise gewirkt haben musste. Von da an verstand ich zum ersten Mal, was in Indien mit dem Begriff Selbstverwirklichung gemeint war.

Als Europäerin bin ich im Laufe meines Lebens ganz anderes programmiert worden. Ich war ruhelos, weil ich mich ja beruflich noch nicht etabliert hatte und mein eigentliches Ziel nicht kannte. Ich versuchte oft zu funktionieren und meine Aufgaben zu erfüllen, je nach dem was gerade zu erledigen war.
Egal, ob es sich um das Jusstudium handelte oder die Familie mich in Anspruch nahm, ich hatte beständig den Drang, meinen mir auferlegten Pflichten nachzukommen. Im Westen ist es ja erwünscht, immer leistungsfähiger zu arbeiten; am besten beim Vorwärtsstreben nicht zu ermüden, denn dann würde dieses fortwährende Durchhaltevermögen schlussendlich zur persönlichen Selbstverwirklichung führen, die von anderen selbstverständlich Bewunderung erfährt. Diese Art der Selbstverwirklichung wird gerne bei

uns auch Karriere genannt, die von vielen angestrebt wird. Aber nun fragte ich mich heimlich, ist das überhaupt die richtige Selbstverwirklichung?

Mit der europäischen Programmierung, Leistungen zu erbringen, lebte ich kaum in der Gegenwart. Wenn ich kochte oder putzte, dachte ich schon wieder an die Juristerei, die ich aber nicht verstehen, geschweige denn erlernen konnte. Dieses Studium überforderte mich vollkommen und ziemlich bald empfand ich ein Gefühl des Scheiterns, das mich natürlich zusätzlich belastete. Ich fühlte mich nicht intelligent genug und meine persönliche Selbstverwirklichung war unerreichbar, weil ich sie fälschlicherweise von meiner nicht bestandenen Prüfung abhängig machte.
Dazu kam noch, dass ich es mir zur Gewohnheit gemacht hatte, über Vergangenes nachzugrübeln; dann dachte ich an die schmerzlichen Situationen, die mich immer noch störten, an Sätze meiner Mitmenschen, die mich verletzt hatten.

Ja und zu all' diesem Leidwesen kam noch dazu, dass ich mir Sorgen machte über Aufgaben, die ich am nächsten Tag zu erledigen hatte. Ich sinnierte also entweder über Vergangenes nach oder ich war einen Schritt voraus und machte mir einen schweren Kopf über zukünftige Angelegenheiten. Mit diesen Gedanken und dem program-

mierten Leistungsdruck rückte natürlich jede Lebensfreude in weiter Ferne.
Nun, meine Freunde, die Selbstverwirklichung, die Baba lehrte, war genau das Gegenteil von dem, wie es mir im Westen beigebracht wurde. Manchmal rief er nach den Ansprachen durch das Mikrofon: „Be happy, be happy, be happy!" Was für eine wichtige Botschaft! Selbstverwirklichung bedeutet nämlich in Indien, das Verwirklichen des eigenen höheren Selbst, der göttlichen Seele.

Ja, da verstand ich, der Funke, der in mir unsterblich ist, von dem alle Kraft und Liebe ausgeht, der in allen Menschen vorhanden ist und nur in der Stille der Gedanken vernommen werden kann, war damit gemeint.

Dieses göttliche Selbst bedarf keiner Verwirklichung, denn es ist bereits so wie in allen Menschen, seit meiner Geburt in meinem Inneren verankert. Es ist die Quelle der Glückseligkeit, die im Tempel immer dann sofort zu fließen begann, wenn ich es schaffte, im Augenblick zu verharren, ohne viel zu denken.
Dann fühlte ich ein friedliches Gewahrsein, das es mir ermöglichte, mich selbst wirklich wahrzunehmen. Natürlich dachte ich in Indien viel weniger an meine Verpflichtungen, als zu Hause, wo ich diese Gedankenruhe kaum jemals erlangte. Aber warum eigentlich nicht? Was hinderte mich daran, mich zu Hause auch wohl zu fühlen?

Ich war einer falschen Lebensart gefolgt. Für meine Selbstverwirklichung war es ganz sicher nicht notwendig, irgendetwas Besonderes auf Erden zu erreichen oder zu besitzen. Es bedarf keiner speziellen Ausbildung, um mich besser zu fühlen oder um mich nicht als gescheitert zu betrachten. Ich verstand, dass die Idee, Karriere zu machen oder Ruhm zu ernten, mich nicht weiser und gütiger machte, sondern eigentlich nur Stress bedeutete.

Intensiv dachte ich nach und fragte mich selbst: „Penelope, was möchtest du eigentlich mit deinem Leben anfangen? Warum glaubst du, Karriere machen zu müssen?"
Da wurde mir bewusst, ich will mein Leben gerne einfach und bescheiden gestalten. Geld verdienen? Ja, natürlich für meinen Lebensunterhalt, aber nicht für teure Autos oder Markenkleidung.
Die Idee, frei zu sein von allen diesen materiellen Wünschen ließ mich nicht mehr los. Ich wusste plötzlich, wenn ich mir keine überschwänglichen Wünsche erfüllen möchte, dann komme ich ja gar nicht in die Situation, dem großen Geld nachjagen zu müssen. Ich würde mir sehr viel Zeit ersparen und einer bestimmten Karriere nachzugehen, wäre dann nicht mehr notwendig.

Ja, meine Freunde, warum sollte ich nicht von den westlichen, materiellen Werten des Besitzes abrücken? Warum sollte ich diese weltliche Selbstverwirklichung überhaupt anstreben? Ist denn nicht am Ende alles vergänglich, auch die Karriere? Ja, und der Besitz? Nun, der bleibt zurück und es werden sich andere Menschen daran erfreuen!

Wau, jetzt hatte ich meinen persönlichen Weg zum Glück gefunden. Ich wagte es einfach, bescheiden zu denken und damit leistete ich mir den großen Luxus, mein Leben zu erleichtern, ja es zu vereinfachen.
Nun, diese Gedanken gingen mir immer wieder durch den Kopf und ich erkannte, dass diese Einsicht ziemlich gesund für mich war, denn sie förderte meine Entspannung und Gelassenheit und nahm mir vor allem den intellektuellen Leistungsdruck von den Schultern.
Baba demonstrierte mir ja auch in jedem Augenblick, dass er genau diese Meisterschaft der Wunschlosigkeit bewältigt hatte. Er war in seinem Sein verankert und lebte aus seiner Seele und nicht aus seinem Intellekt, der ununterbrochen Gedanken und Wünsche hervorbringen würde. Er hatte sein Denkorgan vollkommen unter Kontrolle; damit wirkte er unglaublich gelöst und frei.

So wurde mir in Indien gezeigt, worauf es eigentlich bei der Selbstverwirklichung ankommt. Ich brauche hin und wieder Stunden der Stille und Ruhe, denn dann bin ich auf dem Weg nach Innen zu meiner Seele. Sie befindet sich hinter meinen Gedanken. Ich fühle sie, meine freie Seele, wenn ich nichts denke, nichts begehre, nichts Außergewöhnliches wünsche, sondern einfach nur bin.

Ich habe einmal in einem Buch Sprüche gelesen, die ich super finde, jedoch habe ich leider vergessen, wo sie gestanden haben, aber ich versuche sie hier zu rekonstruieren.

Diese beiden Sprüche lauten: „Oh Herr, gib mir Geld, Geld, Geld und lass mich dich vergessen!" Das ist eine Möglichkeit, das Leben zu gestalten oder man trifft die Entscheidung und sagt: „Oh Herr, gib mir so viel Geld wie ich zum Leben brauche und lass mich an dich denken!"

Der Himmel

Ich arbeitete noch einige Zeit für die Airline. Es gab ja sowieso nichts anderes für mich zu tun, da ich mein berufliches Ziel ohnehin noch nicht erahnen konnte. Erkennend, dass zwar die Spiritualität von allen Dingen auf Erden mich am glücklichsten machte, war es mir jedoch nicht möglich, auf eine eigene spirituelle Erfahrung zurückzugreifen. Freilich las ich eine Menge Bücher über unterschiedliche Heilige, ihre Biographien und ihre Lehre, aber aus einem eigenen Erlebnis zu schöpfen, das mir die Frage beantworten hätte können, was Gott denn wirklich sei, war mir noch nicht vergönnt worden.

Nun könnte man einwenden: „Na, ja Penelope. Was hast du denn? Wer weiß schon, was Gott ist?"

Aha, da muss ich aber nun widersprechen, denn es ist sehr wohl möglich, einige Mädels, aber vor allem Jungs aus der Menschheitsgeschichte zu nennen, die zu diesem Thema eine Auskunft geben könnten.

Diese Persönlichkeiten verhielten sich verehrenswürdig und aufgrund ihres spirituellen Wirkens haben wir heute auf Erden einige alte und sehr wichtige Weltreligionen, zu denen sich Millionen von Menschen als zugehörig betrachten.

Nun wird in diesen bekannten Weltreligionen die Form Gottes unterschiedlich dargestellt und dann gibt es auch noch verschiedene Gottesnamen und Propheten. Also ich muss ganz schön aufpassen, dass mich diese Vielfalt nicht verwirrt.

Denn für die Christen ist es ja beispielsweise der Sohn Gottes, Christus oder Gottvater, für die Buddhisten ist es der Erleuchtete Gautama Buddha, für die Hindus können es die Avatare Rama und Krishna sein und für die Moslems der Prophet Mohammed oder der formlose Allah. Ich darf jetzt auch nicht die Parsen mit ihrem Propheten Zarathustra und das Judentum mit Jehova vergessen. Oh je, auch die Naturvölker haben nennenswerte Glaubensformen, die ich aber nicht anführen kann, da ich zu wenig Wissen darüber habe. Aber ihr wisst schon was ich meine. Die Vielfalt, Gott darzustellen, ist überwältigend und die Namen, die ihm gegeben wurden, sind enorm zahlreich.

Nun, ungeachtet wie der Herr dieses Universums dargestellt oder genannt wird; für mich persönlich sind alle diese Bezeichnungen und Darstellungen gleichwertig. Also ich mag all' diese Jungs, egal ob sie als Propheten oder Söhne Gottes bezeichnet werden, denn ich bin mir ganz sicher, ich wäre auch gerne mit einen von diesen Männern herumgezogen, denn da hätte ich ja ziemlich viel lernen können.

Diese Herren waren nämlich sehr anziehend und gewiss wussten sie alle, was Liebe und Wahrheit ist. Ich bin davon überzeugt, dass dieselbe Liebe, die Christus empfand, auch Krishna aus Indien fühlte und sowohl Mohammed aus Saudi Arabien wie auch Buddha aus dem schönen Tibet wussten, wie gelebtes Mitgefühl aussah. Da gibt es eben keinen Unterschied.
Ich persönlich glaube ja, dass diese Heiligen in den höheren Welten gemeinsam Tee trinken und nicht immer verstehen können, warum wir hier auf Erden immer so große Unterschiede machen und wir uns alle nicht lieb haben. Denn trotz der verschiedenen Namen Gottes und der unterschiedlichen Statuen in den Kirchen und Tempeln ist das göttliche Prinzip, das damit symbolisiert wird, dasselbe. Das ist so ähnlich wie mit der Schokolade. Da gibt es weiße, braune und schwarze Schokis aber deren Zucker ist in allen derselbe und sie schmecken alle hervorragend und machen zugleich dick.

So gesehen, ist Spiritualität eigentlich einfach. Wir sind alle eins, so lehren es die Bhagavad Gita, die Bibel und der Koran; daher sind wir Menschen, Brüder und Schwestern. Anders ausgedrückt, unsere Seelen kommen von derselben Quelle. Cool, nicht wahr? Eine großartige Verwandtschaft haben wir da alle! Manche möchte man vielleicht

weniger, aber sie gehören trotzdem dazu. Weil wir also alle von demselben Badesee kommen, dürfen wir uns auch nichts Böses antun. Ist doch klar, Gewaltlosigkeit ist eine vortreffliche Tugend. Vielleicht ist es nicht immer möglich, jeden unserer Mitmenschen zu lieben, manche sind ja auch ein bisschen schwierig, aber dann kann man ja einfach auf Seepferdchen machen und davon schwimmen, also Gleichmut üben. Dann macht man ein paar Luftblasen, blubbert vielleicht ein bisschen, wackelt mit der Flosse und alles ist wieder gut. Anstatt gleich ein Süßwasserhaifisch zu werden, der nichts anderes zu tun hat, als seinem Gegenüber in den Popo zu zwicken.
Deswegen gab es ja diese großartigen Propheten in der Vergangenheit, die uns lehrten, dass wir eben keine Haifische sind und es eben noch eine andere Möglichkeit der Kommunikation gibt, als den anderen nur anzuknabbern oder vielleicht gleich aufzufressen. Also diese Art von Benehmen ist nicht sehr erstrebenswert und sollte unterlassen werden.

Wie auch immer. Seitdem ich Baba in Indien besucht hatte, war ich darauf aus, mich zu bessern. Ich wollte endlich Seepferdchen werden und nicht mehr Haifisch sein. Daher hatte ich es mir zur Gewohnheit gemacht, immer wieder ein Mantra zu rezitieren, so wie ich es in Indien gehört hatte. Diese Tradition gab es an und für sich in allen Weltreligionen, somit auch im Christentum. Die Mönche der orthodoxen christlichen Kirchen haben sehr lange die Tradition des Herzensgebets praktiziert. Das Mantra „Herr Jesus Christus, erbarme dich meiner" wurde dann ununterbrochen viele tausende Male im Geiste eines Mönchs wiederholt, der dadurch seinen Verstand, sein Denkorgan zur Ruhe brachte und inneren Frieden fühlte.

Auch der berühmte Shri Ramakrishna Paramahamsa betrieb diese Methode als Priester in einem Kali-Tempel in Indien. Durch die Wiederholung seines Mantras betete er somit ununterbrochen zu Gott, in der Hoffnung, dass doch endlich die Kali-Statue im Tempel lebendig werden würde. Die Göttin Kali steht für den Aspekt Gottes, die göttliche Mutter des Universums zu sein und die Beschützerin der Menschen. Ramakrishna liebte diese Form Gottes sehr. Es verging kein Tag, an dem er nicht weinte, weil wieder vierundzwanzig Stunden in seinem Leben verstrichen waren, ohne Gott zu schauen. Es war ihm nicht möglich, am Abend einzuschlafen, so sehr kränkte er sich. Nun Gott ist wunderbar, er war ganz süß und offenbarte sich ihm, natürlich in Form der Kali.

Ramakrishna rezitierte nicht nur ein Mantra, sondern er war auch ein Gigant der Meditation. Als Hindu beschäftigte er sich auch mit den Lehren des Christentums und dem Islam. Er fand heraus, dass alle Religionen zu demselben Gott führen, auch wenn sich die Wege und die Art der

Gebetsausführung voneinander unterscheiden. So beten die Moslems am Boden und bei den Christen gibt es Sitzbänke; ist auch eine gute Erfindung für die kalten Winter in Europa.

Nun bekam natürlich so eine Persönlichkeit wie Ramakrishna, der ja eine enorme Heiligkeit ausstrahlte, eine Menge Besuch. Leider lebte ich vor hundertfünfzig Jahren noch nicht, denn dann hätte ich auch bei ihm ganz sicher vorbei geschaut, da man sich ja so ein Kaliber von einem Heiligen nicht entgehen lassen sollte.

Nun war unter seinen Besuchern auch ein Beamter, der hin und wieder Schwarzgeld verdiente. Dieser Bursche hatte es sich zur Gewohnheit gemacht, dem Staat Rechnungen zu legen, aber die dazugehörigen Leistungen wurden von ihm nie erbracht. So verdiente er sich eine Menge Schwarzgeld und keiner wusste etwas davon, außer natürlich unserem Ramakrishna, denn der war ja hellsichtig.
Also dieser Beamte hatte an der Spiritualität an und für sich kein Interesse. Er erhoffte sich aus dem Kontakt mit dem Heiligen eine bessere Arbeitsstelle. Nun kaufte gerade dieser Bursche hin und wieder Süßigkeiten für Ramakrishna ein. Er brachte kleine Torten und Kekse mit. Das störte unseren Heiligen ein bisschen, denn er konnte davon nie einen Bissen essen. Er hätte diese Gerichte nicht verdauen können, denn er wusste, dass die Süßigkeiten von Geldern

gekauft waren, die nicht rechtmäßig erworben wurden. Für Ramakrishna waren deshalb diese Speisen unverträglich und so blieb er lieber bei seinem Mantra und dem Gemüse.

Nun fragt ihr euch vielleicht, warum ich diese Geschichte bringe. Ich wollte damit nur kurz veranschaulichen, dass ein Mantra sehr mächtig ist; es hat einen enorm positiven Einfluss auf einen Menschen, sodass dieser keine Süßigkeiten mehr benötigt, um sich besser zu fühlen.

Nun gut, da sind wir eigentlich jetzt bei meinem Thema angelangt, betreffend meiner Angstzustände und der von mir erhofften Gewichtsreduktion. Als ich nämlich in Indien das erste Mal von der geistigen Wiederholung eines Mantras hörte, dachte ich mir, dass diese Praktik Vorteile hätte und mir vielleicht auch behilflich sein könnte, meine Versagensangst zu bewältigen. Schließlich würde ich bei der Wiederholung eines Mantras an Gott denken, anstatt immer nur meine weltlichen Sorgen zu wälzen und darüber hinaus könnte mein Geist endlich auch einmal zur Ruhe kommen. Ein weiterer Gewinn wäre die sich daraus ergebende gute Figur, denn das Mantra ist doch bei weitem figurfreundlicher, als die Süßigkeiten, die ich mir hin und wieder aus Lebensfrust hineinstopfte.

Also erklärte ich mir: „Diese Methode ist definitiv gesund für dich und du könntest auch ein

bisschen Übergewicht verlieren." Ich war nämlich in der misslichen Lage, dass mir meine Hosen nicht mehr passten. Darum zog ich welche von Wolfgang an. Ich war immer am Abnehmen. Ich vertrat die Überzeugung, dass mein Übergewicht nur vorübergehend sein würde und daher wollte ich mir keine größeren Hosen kaufen. Ist ja nicht notwendig, wenn man eh' gleich wieder schlank wird.
Also war ich einfach sehr zuversichtlich, dass ich eines Tages wieder in meine Hosen passen würde. Mit dieser Einstellung teilte ich also die Hosen mit Wolfgang, der es schon gar nicht mehr glauben konnte, dass ich eines Tages wieder ein schlankes Reh sein könnte, anstatt einem Nilpferdbaby zu gleichen. Na ja, die Hoffnung stirbt nie. Unter Wolfgangs schönen Hosen gab es auch ältere Exemplare, die es mir besonders angetan hatten. Schon etwas dünn gescheuert und daher schön weich, trug ich an einem schönen Frühlingstag Wolfgangs Lieblingshose und da passierte es.

Wieder einmal mitten in der Menschenmenge machte es bei der U-Bahn ratsch, als ich in die Knie ging, um in meinem Rucksack herumzukramen. Da stand ich also wieder halb entblößt da und zusätzlich konnte ich feststellen, es war überhaupt kein dezentes Loch, sondern die Hose war förmlich entzwei gerissen, als hätte ich gerade eine Rauferei gehabt.

Ich hatte eigentlich einen guten Tag und so begann ich zu lachen, bis mir die Tränen in den Augen standen. Es war mir zwar nicht vollkommen egal, dass ich wieder einmal mit gesprengter Hose auf die U-Bahn wartete, da die anderen Herrschaften ein bisschen seltsam guckten, aber trotzdem musste ich aus vollem Halse lachen und band dabei meinen Pulli um die Taille. Damit konnte ich mein Missgeschick verstecken und machte mich auf zur nächsten Station.
Am Abend erzählte ich Wolfgang von meinem Schlamassel, der ihm aber leider gar nicht so gut gefiel. Wolfgang war in Sorge, dass ich jetzt sogar schon Hosen in seiner Größe sprengte, denn wie kann man so als ausgefressener Schokinaut im Leben unterwegs sein. Ha, mir machte das alles nichts aus, denn ich hatte ja eine Lösung gefunden. Ich setzte auf mein Mantra.

Egal ob ich kochte oder den Staubsauger durch die Wohnung zerrte, ich versuchte bei meinem Mantra zu bleiben. Es war nicht immer einfach, diese Gewohnheit aufrecht zu erhalten. Oft schweifte mein Geist ab und beschäftigte sich mit Gesehenem, Gehörten, mit Botschaften anderer Menschen. Daher hatte ich mein Mantra in der Küche am Kühlschrank aufgehängt, damit ich mich immer wieder selbst daran erinnerte.
Es ist manchmal wirklich schwierig, in dieser Welt zu leben, ohne sie in einen eindringen zu lassen. Gleichmut zu üben, bei so vielen Dingen, die

einen umgeben, ist wirklich eine Herausforderung. Wie dem auch sei, ich versuchte, mich immer wieder auf das Mantra auszurichten. Mit der Zeit wurde es auch besser und meine Konzentration wurde stärker.

Es kam der Tag, an dem ich mich einer Operation unterziehen musste. Es war nur ein kleiner Eingriff, nichts Besonderes, es wurde nicht einmal richtig geschnipselt. Trotzdem war eine Vollnarkose für mich vorgesehen. Der Operationstermin rückte immer näher und ich begab mich in das Spital. Nachdem alle Vorsorgeuntersuchungen erledigt waren, stand der Termin für den nächsten Tag fest. Ich würde also meinen großen Auftritt im Operationssaal haben und bald danach geht es wieder nach Hause.

Nun, vor diesem kleinen Eingriff fürchtete ich mich überhaupt nicht. Was sollte schon passieren? Nie im Leben hätte ich damit gerechnet, dass für mich eine außergewöhnliche Erfahrung vorgesehen war oder dass ich den Ärzten Probleme machen würde.

Als ich nun auf dem Operationstisch lag und die Narkose eingeleitet wurde, dachte ich mit voller Konzentration mein Mantra und plötzlich passierte es.

Ich war blitzartig nicht mehr in meinem Körper, sondern aus dem Weltlichen vollkommen enthoben. Da war kein Operationssaal mehr. Ich schwebte auch nicht an der Decke, so wie es oft andere Patienten, die klinisch tot waren, beschreiben. Es gab auch keinen Tunnel aus Licht und ich traf auch keine Verwandten, die schon verstorben waren.

Ich war einfach in einer anderen Welt, in einer anderen Dimension oder Sphäre, umgeben von einer Energie, die sich rund um mich herum befand und mich auch durchdrang. Ja, ich glaube, ich hatte einen Art Lichtkörper, muss aber gestehen, dass ich es verabsäumte an mir herunter zu sehen; aber instinktiv war zu spüren, dass ich aus Licht bestand. Ich hatte also keinen Körper mehr, der schwer gewesen wäre, aus Knochen bestand und dessen Haut mich juckte, weil ich am Morgen vergessen hatte, ihn einzucremen.
Da waren auch ganz klare, warme Farben, das schönste gelb, blau, grün und rot, das ich jemals gesehen hatte. Alles war transparent, hatte nur feine Konturen, auch die Landschaft. Die Atmosphäre war nicht nur friedlich sondern auch leicht; mein Dasein war leicht, mein Denken und Fühlen waren leicht.

Ja, ich existierte wie auf der Erde, fühlte wie auf der Erde aber alles erschien mir um vieles angenehmer. Das Gefühl, das mich durchdrang, war wunderbar, es gab nichts Unstimmiges. Ich fühlte mich so unbeschwert, als hätte ich nie

Verletzungen durch andere Menschen erlebt. Zumindest waren mir solche Erlebnisse nicht mehr bewusst.
Eigentlich konnte ich meine gesamten Erinnerungen nicht mehr ins Gedächtnis rufen. Mein ganzes Leben war wie ausgelöscht. Es war mir nicht mehr bewusst, dass es ein Land namens Österreich gab und dessen Hauptstadt Wien war. Eigenartig! Alle Informationen zu meinem bisherigen Leben, all' meine Bildung und mein angelerntes Wissen waren nicht mehr existent. Vielleicht deswegen, weil da drüben das Fach Geschichte nicht benötigt wird und der Führerschein erübrigt sich auch, wenn es keine Autos gibt.

Da war Wärme oder sollte ich eher Liebe dazu sagen? Nun, so viel Liebe wie es dort gab, ist kaum mit Worten zu beschreiben. Ja meine Freunde, ich kann euch definitiv bestätigen, Gott existiert, es gibt ihn wirklich!

Er ist keine Erfindung der Menschen. Er war auch nicht anwesend als alter Mann, sondern er war selbst diese Energie. Ich dümpelte in ihm wie ein Seepferdchen im Wasser. Er war überall um mich herum, unter mir und oberhalb von mir. Links und rechts und das Beste kommt noch, er war auch in mir; also Liebe außen und Liebe innen. Das Glücksgefühl und die Wärme, die ich empfand, waren grandios, ja echt umwerfend.

Wenn ich versuche diesen Eindruck mit weltlichen Dingen zu bemessen, dann müsste ich mir folgendes vorstellen: ein großartiges Anwesen wie etwa ein Schloss mit dreißig Zimmern in Südfrankreich; ausgestattet mit einem indoor und outdoor swimming pool. Zusätzlich habe ich im Lotto ein Penthaus in Monaco gewonnen. Mit dem Kleingeld das noch übrig geblieben war, wurden schnelle Autos gekauft, mit denen ich gerade noch ein bisschen zurecht komme, denn zu viele PS unter dem Sitz belasten meinen Kreislauf. In dem erworbenen Penthaus stehe ich auf einer zweihundert Quadratmeter großen Terrasse und schaue hinab zum Hafen in Monaco, wo meine fünfzig Meter Jacht liegt.
Nun ist Weihnachtszeit und es wird gefeiert. Ich gebe ein großartiges Bankett. Zu dem Festmahl sind die Familie und die besten Freunde eingeladen. Das Kaminfeuer brennt, die Tafel ist wunderbar mit Gestecken geschmückt und in der Ecke beim Kamin steht ein riesengroßer, rotgold geschmückter Christbaum. Ja, es geht mir wunderbar, ich habe Wolfgang an meiner Seite und keine Geldsorgen belasten mich.

Nun, all' diese weltlichen Genüsse verpuffen aber und sind nichts im Vergleich zu der Leichtigkeit, die einem in diesem Himmel erwartet. Die Liebe und die dort vorherrschende Stimmung sind bei weitem intensiver, sodass sie mit weltlichen Annehmlichkeiten und Besitz nicht annähernd zu vergleichen sind.

Nun aber zurück zu meinem Erlebnis. Ja, da war auch jemand anwesend. Wesenheiten oder Engel? Sie sind schwer zu beschreiben, denn sie waren sehr fein, groß und fast transparent. Aber ich selbst war auch transparent und irgendwie gehörten wir zusammen. Mein erster Gedanke war: „Ich möchte bei euch bleiben." Ich sprach diesen Gedanken nicht aus, sondern dachte ihn nur in meinem Kopf. Trotzdem hörten diese Wesen meinen Wunsch und nahmen dabei auch meine Emotion war. Sie reagierten und gaben mir eine Antwort: „Du musst zurück, du hast eine Aufgabe zu erfüllen."

Diesen Satz sprachen diese Engel nicht, sondern sie dachten ihn nur und ich hörte ihre Worte in meinem Verstand. Dabei nahm auch ich ihre Gefühle wahr, die diese Antwort begleiteten. Es war ganz einfach, so zu kommunizieren. Noch nie hatte ich in meinem Leben so eine direkte, vollkommene und fehlerfreie Sprache kennen gelernt, wie dort in dieser Sphäre. Denn wenn wir nicht nur ausgesprochene Worte eines Menschen hören würden, sondern zugleich auch seine Emotion wahrnehmen könnten, dann gebe es kaum Missverständnisse auf Erden; die Aussagen würden enorm an Klarheit dazu gewinnen und es wäre möglich, unsere Mitmenschen besser zu verstehen.

Eine Person, die eine Drohung ausspricht, könnte zugleich die Angst, die sie in seinem Gegenüber erzeugt, wahrnehmen und daraus für sich Rückschlüsse ziehen.

Ja, ja es war einfach wunderbar, dort als Seele herum zu dümpeln. Ich wollte unbedingt bleiben. Aber plötzlich war alles vorbei. Ich fühlte, als ob ich 100 Meter tief fallen würde und das war wirklich eine unangenehme Empfindung. Jemand rüttelte an meinem Arm und ich öffnete die Augen.

Da fand ich mich wieder im Aufwachraum, dessen Atmosphäre kalt war. Obwohl die Sonne draußen schien, hatte ich die Empfindung, dass alles um mich herum unterkühlt wäre. Auch die Menschen waren nicht so herzlich, obwohl alle Schwestern und Ärzte sich bemühten, freundlich zu wirken. Der Kontrast in Gott zu sein, als ein Seepferdchen, umgeben von dieser wunderbaren Energie, um dann jedoch wieder hier im allgemeinen Badesee herum zu schwimmen, war so bedrückend, dass ich nur mehr weinen konnte. Ich war erschüttert und brauchte einen halben Tag, um wieder auf der Erde anzukommen.

Nun, ob ich den Ärzten bei der Operation Probleme machte, weiß ich nicht, vielleicht brach der Kreislauf zusammen, genaueres ist mir unbekannt. Tatsache ist aber, dass ich eine wunderbare Erfahrung machen durfte, nicht länger als vielleicht drei Minuten, jedoch nach der irdischen Zeit dauerte der medizinische Eingriff viel länger.

Aufgrund dieses Erlebnisses hat sich mein Bild über den Tod total verändert. Ich glaube nämlich gar nicht mehr so recht daran, dass es so etwas wie den Tod gibt, sondern nur den Akt des Sterbens. Körperliche Schmerzen sind äußerst unangenehm und sehr wohl real, aber in dem Moment, wo man aus dem schmerzenden Körper aussteigt, wird alles leicht.

Als ich dieses Ereignis erleben durfte, erkannte ich, dass mein Ich-Bewusstsein, mein Geist als Denkorgan und meine Intuition zwar meinem Körper kurz Lebewohl gesagt hatten, jedoch sofort weiter existierten. Ja, meine ganze Wesenheit war noch immer lebendig. Deshalb bedeutet der Tod nicht wirklich tot sein, sondern es ist ein anderer Zustand des Existierens.

Nun ist mir aber dennoch bei meinem Erlebnis etwas Wichtiges aufgefallen. Eine Persönlichkeitsentwicklung, also den eigenen Charakter zu verbessern, ist dort auf der anderen Seite nicht mehr möglich.

Wenn ich rückblickend mein Leben betrachte, dann kommt mir die Erkenntnis, dass ich bestimmte Einsichten erlangt habe. Zugegeben, ich brauchte Zeit und sehr schlau war ich auch nicht immer, aber der Wille, mich zu bessern, war immer vorhanden und so war es mir auch möglich, dazuzulernen und meine Persönlichkeit zu entwickeln. Dabei beobachtete ich oft meine

Mitmenschen und nicht immer gefielen mir ihre Ansichten und Taten. Ich sagte nichts, ich schwieg, aber in meinem Inneren lernte ich genau zu unterscheiden, was für mich richtiges und falsches Handeln ist. Mit der Zeit erkannte ich gewisse Tugenden, die mir außerordentlich gut gefielen, wie beispielsweise Geduld, Mitgefühl und Gleichmut. Wenn nun jemand mit seinem Verhalten diese Tugenden auslebte, fand ich dies immer sehr anziehend und ich wollte auch so großzügig und verständnisvoll werden.

Nun wurde mir bei dieser Beobachtung und Selbstreflexion bewusst, dass andere Mitmenschen sehr wohl notwendig waren, also ein Austausch mit ihnen möglich sein musste, damit ich dieses besondere Verhalten überhaupt erleben und verinnerlichen konnte.
Kurz gesagt, ich brauchte die Familie, meinen Wolfgang und einen Job, also gewisse Situationen mussten gegeben sein, um mich im Gleichmut mit anderen Mitmenschen zu üben; denn ungeachtet, ob es sich um Familie oder Arbeitskollegen handelte, das Miteinander ließ mich erst so richtig wachsen.

Jetzt im Nachhinein kann ich bejahen, dass nicht jeder meiner Mitmenschen mich mochte, nicht jeder von ihnen schätzte mich, manche von ihnen waren mir mit Verachtung oder Missgunst begegnet, aber egal, sie alle halfen mir sowohl in ihrem guten Handeln als auch in ihrem schlechten

Verhalten weiter; denn aufgrund bestimmter zwischenmenschlicher Situationen konnte ich mich erst in Geduld und Gleichmut üben. Damit erkannte ich, dass jede Art von Anerkennung und Ablehnung, die ich jemals erfahren durfte, eine Möglichkeit darstellte zu lernen. Manchmal musste ich Grenzen setzten, um dann wieder Einsicht zu gewinnen und manchmal durfte ich ganz einfach beobachten, um die Größe anderer zu erkennen.

Nun, in dieser anderen Dimension war ich nur in meinem Sein. Es gab nichts zu tun. Es gab keinen Job, keine Aufgabe, keine lieben Menschen, die mir Probleme machten. Wäre ich dort drüben geblieben, dann hätte ich für eine lange Zeit, meine noch existierenden charakterlichen Schwächen nicht verbessern können. In diesem Meer aus Glück war ich nämlich stillgelegt, da gab es nix zu motzen.

Ja, mit diesem Erlebnis ist mir schlussendlich klar geworden, dass das Leben hier auf Erden etwas ganz Besonderes ist. In Indien äußerte einmal ein Professor in seiner Vorlesung, dass die Geburt als Mensch sehr schwierig zu erlangen sei. Da wäre jemand gewesen - ich glaube, er meinte unseren besten Freund - der uns sagte: „Ich verleihe dir die höchste Auszeichnung, die es im ganzen Universum nur einmal gibt; ein Leben als Mensch!" Ja, ich denke, da sollte ich die Lebenszeit gut nützen. Dabei ist es wahrscheinlich gar nicht so wichtig, was ich arbeite, denn jede Art von Arbeit ist gleichwertig. Ob ich als Mama meine Aufgaben erfülle, als Lehrerin, Lokführerin, Krankenschwester oder Sekretärin meinen Unterhalt verdiene, ist für die geistige Welt vollkommen uninteressant. Auf was es ankommt, ist, wie ich arbeite, also mit welcher Qualität und Motivation leiste ich meinen Einsatz. Bin ich nur interessiert an meinem materiellen Fortkommen oder habe ich auch Interesse, mich für die Gesellschaft einzusetzen und mein Bestes zu geben.

Als ich damals in Indien den Spruch auf einer Tafel gelesen hatte, dass es drei Arten von Freunden geben würde, da ging er mir nicht mehr aus dem Kopf.

Wenn wir sterben, dann bleibt die erste Art von Freunden zu Hause, begleitet uns nicht einmal zu dem Friedhof und das ist unser Besitz. Die zweite Art begleitet uns bis zum Grab, aber dann verabschieden sie sich und verlassen uns, das sind die Verwandten und Bekannten. Nur die dritte Art der Freunde begleitet uns in den Tod und das sind unsere guten Taten.

Nun, ich vermute mittlerweile, dass in diesem Spruch sehr viel Wahrheit steckt und daher versuche ich ein guter Mensch zu werden oder zu sein. Ob mir das am Ende gelingt, weiß ich nicht, denn wie kann das Gute bemessen werden? Wann reicht es aus? Das Einzige, dass ich hierbei versuchen kann, ist, mich dem Guten so viel wie möglich anzunähern, denn am Ende schließt sich die Show und dann hoffe ich, das Spiel des Lebens gut gespielt zu haben.

Aber meine Freunde, wie immer es auch sein mag, ob wir Menschen ein Leben benötigen oder mehrere durchleben, um Gutes zu verwirklichen, wir schaffen es alle, endgültig nach Hause zu kommen. In meinem Leben bin ich vor allem meinen Taten verpflichtet, denn sie hinterlassen in meinem Geist einen bleibenden Eindruck. Darum wurde in Indien, in den Vorträgen immer betont, dass es von Vorteil wäre, nur Gutes zu sehen und zu hören, denn sich mit schlechten Dingen zu befassen, würden unseren Geist und die Empfindungen belasten.

Es könnte also schon sein, dass mich eines Tages meine Handlungen, die ich im Laufe meines Lebens gesetzt habe, beim Sterben einholen. Das wäre ein Jammer, denn was mache ich dann, wenn sie mich zu sehr ablenken und ich es nicht schaffe, mich auf meinen besten Freund zu konzentrieren, wie es mir damals bei der Operation gelungen war.

Ich weiß, dass ich heute bewusst Tugenden leben sollte, damit ich mich auf meinen letzten Augenblick vorbereite; denn es ist mir schon verständlich, dass beispielsweise ein streitsüchtiger Mensch im letzten Augenblick seines Daseins, es höchstwahrscheinlich kaum schaffen wird, Frieden in seinem Geiste zu verspüren; vor allem dann, wenn er seine schlechten Taten nicht schon während des Lebens ausgebessert hat. Seine Handlungen könnten folglich sein Schicksal bestimmen und meine Freunde, eines kann ich sagen, es gibt nicht nur das Licht.

Die Hölle

Im Laufe meines Lebens hatte ich immer wieder auch mit Jägern zu tun. Zwei von unseren Hunden wurden von Jägern erschossen. Ich war noch ein Volksschulkind als ich eines Tages nach unserem Schäferhund Hermes rief, der mir daraufhin blutüberströmt im Garten entgegenkam. Er hatte bis zu fünfundzwanzig Schrotkugeln in seinem Hals stecken und der Tierarzt konnte nichts mehr für ihn tun. Hermes starb qualvoll, weil er im Wald unterwegs gewesen war und dabei einem Jäger über den Weg lief.
Schon damals war mir bewusst, dass ich diese schreckliche Erfahrung niemals würde vergessen können und Jäger nur selten zu den Tieren freundlich sind.

Es war an einem schönen Sommertag als ich mit Valerie und unseren beiden Hunden spazieren ging. Wir ließen unsere Hunde frei laufen und gingen entlang eines Waldweges über eine Wiese. Vor uns war ein Hochstand in dem ein korpulenter Jäger saß und scheinbar auf Wild wartete.
Plötzlich schrie dieser Herr aus heiterem Himmel: „Schleicht's euch, ihr verjagt das Wild! Was habt ihr da herumzurennen? Geht's gefälligst auf dem Weg spazieren!" Ja, und während er uns in dieser

rohen Art anschrie, verzog er dabei sein Gesicht zu einer Fratze. Ich war fassungslos, blieb stehen und starrte den Hochstand hoch. Himmel, was war das? Was sich vor meinen Augen darbot, hatte ich mein ganzes Leben noch nie gesehen. Entsetzt über den dämonischen Ausdruck im Gesicht dieses Jägers und seinen hasserfüllten funkelnden Augen, schreckte ich zurück und erkannte blitzartig, dass dieser Mann eine Ausstrahlung hatte, die nichts mehr Menschliches verriet.

Na ja, was konnte ich auf diese netten Sätzen wohl erwidern. Ich glaube, dieser Jäger hatte seine Tage.
Mimi, der Hund meiner Schwester, der immer so gerne Oma beißen wollte, verhielt sich sehr aufmerksam wie immer und knurrte gleich Mal den Hochstand hoch.
Fidelio, Mamas Bernersennenhund war trotz allem die Ruhe selbst. Ich glaube Fidelio hatte sich gar nicht so richtig angesprochen gefühlt und schnupperte an einem Gänseblümchen.

Da ich doch Seepferdchen werden wollte und dabei war, meine schlechten Haifischgewohnheiten aufzugeben, blieb ich ruhig und fragte mit freundlicher Stimme: „Herr Jäger, warum dürfen wir nicht über diese Wiese gehen? Schließlich sind wir ja hier auf dem Land!"
Ich muss schon sagen weiter kam ich nicht. Denn plötzlich wurde dieser Herr noch feindseliger und

schimpfte so richtig derb los. Ich möchte die von ihm gewählten Worte nicht wiederholen, aber als er sie aussprach, spiegelte sein Gesicht reinen Hass wider. Valerie flüsterte ängstlich: „Komm, gehen wir. Es hat keinen Sinn, er ist auf Streit aus".

Während dessen wurde Mimi lauter; sie knurrte nicht mehr, sondern bellte aggressiv drauf los. Fidelio war während dessen beim Löwenzahn angekommen und zog sich die Sommerdüfte durch die Schnauze. Mimi hingegen kläffte mittlerweile ohne Unterbrechung und hopste vor Aufregung in Richtung Hochstand, denn sie war drauf und dran den Kampf auszutragen.

Jetzt machte ich mir Sorgen, da mir plötzlich bewusst wurde, dass ja dieser Mann schließlich bewaffnet war und ich auf keinen Fall ihn provozieren wollte. Er sollte nicht in seinem Zorn eine Kurzschlusshandlung setzen und auf Mimi schießen. Irgendwie spürten Valerie und ich eine drohende Gefahr, die von diesem Mann ausging und daher banden wir lautlos unsere Hunde sofort an die Leinen und eilten nach Hause.

Ich hatte dieses Erlebnis vor einigen Jahren, aber es war so prägend, dass ich es nicht vergessen konnte. Dieser Jäger hatte ein hasserfülltes Gesicht, einen dämonischen anstatt menschlichen Ausdruck. Es gefiel mir ganz und gar nicht, was ich da zu sehen bekam. Einige Jahre später nachdem ich meine Erfahrung mit dem Himmel gemacht hatte, wollte ich natürlich wissen, was mit solchen Menschen im Tod passiert, die solche negativen Emotionen im Laufe ihres Lebens nähren und in ihrem Geist verankern. Denn mittlerweile war mir bewusst geworden, dass alle meine bisherigen Handlungen, mein innerstes Wesen, meinen Charakter prägten. Ist doch eigentlich verständlich, ich handelte und meine Handlung prägte mein Denken und Fühlen. Aufgrund dieses Denkens und Fühlens setzte ich neue Handlungen und so ergab immer das Eine auch das Andere.

Nun, wenn ich diesen Zusammenhang weiter denke, dann würde dies auch bedeuten, dass gewisse schlechte Handlungen, die immer wieder gesetzt werden, mit der Zeit gute Eigenschaften verschlechtern können. Daher dachte ich mir schon immer, dass es den Jägern gar nicht so gut tut, dieses Hobby auszuüben, da es doch höchstwahrscheinlich ihren eigenen Seelenfrieden beeinträchtigt und darüber hinaus besteht noch die Gefahr, dass dieses Schießen auf Tiere eher eine Verrohung des Charakters begünstigt.

Nun ja, ich sprach mit meinem besten Freund und jammerte ihm die Ohren voll, dass er mir doch zeigen möge, wie diese Sphäre aussieht.
Also fragte ich ihn: „Lieber Gott! In welche Dimension müssen sich Jäger mit dämonischen Gefühlen des Hasses und Zorns einfinden? Wie sieht das bloß alles aus und wie lange müssen sie dort drinnen verharren?"

Es dauerte eine gewisse Zeit, denn er wollte es mir nicht sofort zeigen. Aber ich gab nicht nach und fragte immer wieder, bis er mir schlussendlich eine Vision schenkte.

Ich fand mich in einem Wald wieder. Ich wusste, dass mein bester Freund mir damit den Ort zeigte, an dem sich die Jäger nach ihrem Tod einzufinden hatten, die zu Lebzeiten in Freude schwelgten, wenn sie Tiere jagen und töten konnten. Ich rezitierte in meinem Geist automatisch mein Mantra; denn es war mir bewusst, dass ich auf keinen Fall Gott vergessen durfte, so lange ich in dieser Dimension unterwegs war; sein Name ist nämlich bei solchen Ausflügen der beste Schutz.

Der Wald wirkte äußerst beunruhigend und sonderbar. Er bestand aus riesengroßen, dunkelbraunen Bäumen, die weitreichende Äste hatten. Diese Art von Bäumen hatte ich in Österreich noch nie gesehen. Sie waren von überdimensionaler Größe und vollkommen kahl. Der Waldboden war übersät von dunklen Ästen und schwarzer Erde. Die ganze Atmosphäre wirkte wie in den späten nebeligen Novembertagen und zusätzlich war es eigenartig still; ja kein Windhauch war zu spüren und nichts regte sich. Absolute Stille erfüllte diesen Wald, denn es waren ja keine Blätter vorhanden, die ein Rauschen hervorgebracht hätten. Der dunkelgraue Himmel war erdrückend und eine mir unbekannte Gefühlskälte machte sich in mir breit. Ich konnte spüren, wie die äußere kalte Leere von mir Besitz ergriff und ich empfand diese Stimmung auch in meinem Inneren. Ich hielt den Atem an, stärker den je verblieb ich im Geiste bei meinem Mantra, damit ich mich nicht verlieren würde und meinen besten Freund gleich um Hilfe rufen konnte.

Ich schaute mich genauer um und sah viele Wege, die sich in alle Richtungen schlängelten. Da überraschend spürte ich, dass ich in Gefahr war; denn zu der überwältigenden inneren Leere ergriff mich plötzlich auch eine eigenartige Angst, die ich zuvor in meinem Leben noch nie erfahren hatte. Es war eine Verfolgungsangst.

Ja, ich hatte das Gefühl jemand oder etwas würde mich verfolgen, und so fing ich an zu laufen. Ich lief die Wege entlang, aber immer wenn ich glaubte, einen Weg hinter mich gebracht zu haben, den Wald hinter mich gelassen zu haben, taten sich weitere in Dunkelheit gehüllte Waldwege auf. Da endlich begriff ich, der Wald hatte die riesige Dimension der Vereinigten Staaten und ich hatte keine Chance ihn zu durchqueren.

Ich fühlte einsamen Schmerz in dieser leblosen Atmosphäre und wurde dazu noch verfolgt. Aber wer oder was stellte mir nach? Da ist doch etwas? Jemand beobachtet mich! Da hinten bei den riesigen Bäumen versteckt er sich! Oh Gott, ich weiß ganz genau, ich spüre seinen Blick! Ich wurde nervöser, denn ich konnte in diesem dichten Wald niemanden sehen. Je weiter ich in ihn hineinblickte, desto dunkler wurde er. Am Ende meines Blickfeldes nahm ich nur mehr eine schwarze Wand wahr. Egal wie sehr ich meine Augen anstrengte, die dunklen schwarzen Bäume versteckten dieses Tier, das mich sehr wohl nicht aus seinen Augen ließ, aber dessen Präsenz ich mir ganz sicher nicht einbildete.

Noch immer war es so eigenartig bedrohlich still und meine Gewissheit, dass etwas hinter mir her war, ja hinter mir nachschlich, verstärkte sich immer mehr. So ähnlich wie Tiger sich im hohen Gras verstecken bevor sie angreifen, wusste ich, dass auch ich da belauert wurde.

Da bekam ich Panik und rief meinem besten Freund um Hilfe: „Lass mich raus hier, bitte!" Ich bin mir sicher, er konnte meine Angst, die mich fast lähmte, wahrnehmen, denn er reagierte sofort. Ich war zurück. Die Vision war zu Ende und ich erkannte intuitiv, es war eine Dimension, die zu den Höllen gehörte. So wie Christus sagte, es gebe viele Zimmer in seines Vaters Haus, erahnte ich, dass dieser Wald zu den Dimensionen der Unterwelt hinzuzuzählen sei.

Mein bester Freund erklärte mir, dass jene Jäger, Schlächter oder Fischer, die zu Lebzeiten echte Schadenfreude am Töten empfanden, also Tieren aus Egoismus das Leben nahmen, sich in diesem Wald einzufinden haben. Jene Menschen jedoch, die Tiere jagten ohne Bosheit zu empfinden und aufgrund ihrer Lebensumstände keine andere

Wahl hatten, wären davon ausgenommen. Wenn sich also beispielsweise Indianer bei den von ihnen erjagten Büffeln aufrichtig dafür bedankten, dass sie ihr Fleisch und ihr Fell zum Überleben verwenden konnten, dann war diese Jagd kein böswilliger und selbstsüchtiger Zeitvertreib.

Ich war überrascht. Sind es also die negativen Handlungen, ja die schlechten Gefühle auf die ich achten sollte? Bestimme ich damit mein Schicksal nach dem körperlichen Tod? Kann das sein? Scheinbar schon! Denn je nachdem wie ich geliebt oder verachtet habe, Abneigungen und Zuneigungen empfunden habe, verursache ich damit meinen Werdegang.

Einmal konnte ich beobachten, wie Baba in Indien einen seiner Studenten an der Stirn berührte und ihn bat: „Watch your thougths." Achte auf deine Gedanken, lass nicht jedes schlechte Hirngespinst zu, beinhaltete seine Botschaft.
Ja, wir Menschen sind also doch mächtige, vernunftbegabte Wesen. Es ist notwendig, auf unseren Geist zu achten, und nicht allen Wünschen und Emotionen freien Lauf zu lassen, denn wir selbst bestimmen unser Schicksal und nicht Gott.
Er ist demnach nur ein Beobachter, ein ständiger Begleiter in Form unseres Gewissens. Daher wäre es für mich gut, auf seine Stimme zu hören, denn eine Sache ist mir klar geworden. Was ich mit allen Menschen in meiner Stunde des Todes

gemeinsam habe, ist letztlich nur der Leichnam. Aber wie ich den Tod erfahren werde und in welchem Zimmer unseres Vaters Haus ich mich wieder finden werde, bestimmen allein meine Taten und die daraus entstehenden und begleitenden Gefühle.

Darum, meine Freunde, möchte ich bewusst Gleichmut üben und von nun an, bei Ungerechtigkeiten in meinem Leben, einen kühlen Kopf bewahren. Ist doch egal! Ich muss doch nicht immer Recht haben und falls mir eine Aussage eines Mitmenschen zuwiderläuft, dann kann ich sie ja einfach vorbeiblubbern lassen, denn für die Gedanken und die Ansichten anderer bin ich nicht verantwortlich.
Es ist auch nicht meine Aufgabe, meine Mitmenschen zu berichtigen. Wer weiß, vielleicht ist deren Meinung, die bessere und ich bin zu kurzsichtig, um deren Wahrheit zu verstehen. Mit dieser Einstellung kann ich eigentlich ganz locker loslassen und mich auf meine eigenen Empfindungen und Gedanken konzentrieren. Ich muss nämlich gestehen, die reichen mir völlig aus, denn sie sind sowieso oft schrecklich anstrengend.
Daher habe ich mich entschieden, am besten meinen Intellekt, ja meinen Geist so gut es geht zu beobachten und vor allem nicht allen Gedanken nachzugeben, da sie scheinbar wirkende Kräfte sind; denn eines Tages könnten sie sich auch negativ auswirken und mir ein schmerz-

haftes oder tragisches Schicksal in diesen anderen Welten bescheren.

Meine Freunde, war nun dieser Wald Einbildung? Beweisen kann ich natürlich nichts. Aber einige Jahre später kaufte ich mir auf einem Büchermarkt das tibetische Buch vom Leben und vom Sterben. Der Autor dieser Schrift, ein in der Meditation bewanderter buddhistischer Lehrer beschrieb auch diesen Wald. Er schilderte in seinem Buch genau dieselben Eindrücke, die ich auch kennen lernen durfte, mit dem Unterschied, dass er noch die furchterregenden Tiere aufzählte, die in diesem Wald unterwegs wären.

Also habe ich mir doch nicht eingebildet, verfolgt zu werden, da war schon etwas hinter mir her. Mein bester Freund verhinderte scheinbar, dass ich diese Kreaturen zu Gesicht bekam, wahrscheinlich um mich vor dem Anblick zu bewahren.

Ist nun diese Vision nur ein Zufall gewesen? Irren wir uns beide? Oder hatten wir doch die gleiche Vision, über eine höllische Dimension, die existent ist.

Die Erinnerung

Ich habe also einen Himmel und auch eine Hölle kennen gelernt und dabei ist mir etwas Wichtiges aufgefallen. Wenn ich jetzt im Nachhinein darüber nachdenke, wirkt es auf mich unheimlich, ja fast ein bisschen bedrohlich.

Ich rezitierte vor der Narkose mein Mantra. Dieser Gedanke führte mich direkt in eine lichtvolle Dimension. In dieser sehr anziehenden Sphäre hatte ich alles bisher Gehörte vergessen. Dadurch erinnerte ich mich auch nicht mehr an die berühmteste Geschichte der Christenheit, denn die Person Christus war mir plötzlich unbekannt. Zwar war ich in Gott, weil ich mit Hilfe des Mantras an das spirituelle göttliche Prinzip gedacht hatte, als ich einschlief, aber die Geschichte von dem Mann, der in Bethlehem geboren wurde, war mir dort in diesem Himmel überhaupt nicht mehr bewusst. An und für sich war das nun im meinen Fall kein Problem, da ich mich sowieso in einer lichtvollen Atmosphäre befand und mit Glücksgefühlen gesegnet war.

Wie ist das aber bei einem Menschen, der enorme negative Emotionen wie Neid und Zorn während seines Lebens ausgelebt hat? Ein Mann, der zu seinen Mitmenschen roh war, andere verfolgte, Freude daran hatte, den guten Ruf anderer zu zerstören und die sich daraus ergebende Schadenfreude in sich nährte. Höchstwahrscheinlich findet er sich in einer dunklen Sphäre wieder, weil es ihm nicht gelungen war, diese Empfindungen während des Lebens zu transformieren, anstatt sie in sich zu verstärken.

Er ist also unterwegs in unserem dunklen, furchterregenden Wald. Er ist einsam, fühlt sich verfolgt und ist verwirrt. Er ist verzweifelt und voller Trauer; er spürt in seinem Inneren nur Leere und Kälte. Zu seinem eigenen Leidwesen kommt nun noch dazu, dass er sich an nichts mehr erinnern kann. Damit hat er auch die Geschichte über Christus vergessen. Aus diesem Grund kann er diesen Propheten nicht zur Hilfe rufen, aber auch die anderen großen Meister wie Buddha, Rama, Krishna und Mohammed fallen ihm nicht ein, da er sich während seines Lebens nie mit spirituellen Lehren beschäftigt hatte. Er weiß nichts mehr und damit bleibt er ohne Hilfe zurück.

Ich habe einmal in dem Buch von einem bekannten indischen Yogi gelesen, der eine Vision von Christus hatte. Dieser Yogi machte es sich zu Lebzeiten zur Gewohnheit, viel an Gott und seine Propheten zu denken und über sie zu meditieren. Eines Tages gelang es ihm, sich höchst konzentriert zu versenken. Plötzlich tat sich ihm eine wunderbare von Licht durchflutete Welt auf und da sah er eine Gruppe von

Männern. Diese Männer kamen auf ihn zu und bei näherer Betrachtung sah er Christus, Hand in Hand mit Krishna über ein goldenes Meer wandern. Die gesamte Schülerschaft dieser beiden Giganten war anwesend und sie begleiteten ihre Meister über das lichtreflektierende Meer.

Christus und die anderen Propheten sind in den dunklen Welten definitiv nicht anwesend. Diese Giganten können einen zwar hören, wenn man mit Hingabe nach ihnen ruft; sie würden auch sofort zur Hilfe eilen, denn sie haben enorm viel Mitgefühl, aber wie macht man das bloß, wenn man an sie zu Lebzeiten nicht glaubte und ihre Namen, ja ihre Lebensgeschichte vergessen hat, weil diese Heiligen einem einfach nie etwas bedeutet haben?

Das richtige Gebet

Nach meinem Spitalsaufenthalt ging es wieder zurück zu meinem Arbeitsplatz. Ich stellte weiterhin Tickets aus und las in meiner Freizeit eine Menge spirituelle Bücher. Eigentlich könnte man ja jetzt annehmen, dass alles rund und gut gelaufen wäre. Ich hatte Arbeit, Wolfgang an meiner Seite und persönliche spirituelle Erfahrungen bekam ich auch schon geschenkt. Also warum in Gottes Namen war ich trotzdem nicht zufrieden?

Ich wusste zwar schon ein bisschen, was im Leben wichtig wäre und hatte die spirituelle Lehre der Upanischaden in Indien kennen gelernt, aber ich befand mich noch immer auf der Suche. Freilich verstand ich, dass es im Leben darauf ankommt, sich einen guten Charakter zu erwerben, soviel habe ich mitbekommen. Trotzdem war ich nicht happy, weil ich noch nicht herausgefunden hatte, wie man das anstellen sollte. Braucht man dazu eigentlich einen besonderen Job?

Nun das Jusstudium hatte ich ja gespritzt und immer nur reine Büroarbeiten zu verrichten, war ungemein langweilig. Viel lieber hätte ich mit Menschen gearbeitet. Ja, ich wollte ihnen weiterhelfen, wenn sie Hilfe brauchen würden und zusätzlich könnte ich ja nebenbei einen guten Charakter erwerben. „Juchhu", dachte ich mir, „ein guter Charakter, Mahatma Gandhi und Nelson Mandela an Würde und Großzügigkeit gleichtun, das soll von nun an mein Ziel sein!" Übrigens, gute Charaktereigenschaften kann jeder verwirklichen und preiswert sind sie dazu auch noch.

Daher entschied ich mich, dass meine berufliche Aufgabe unbedingt mit etwas Nützlichem zu tun haben sollte; also nicht nur herumsitzen und schön sein, wenn ich letzteres auch nicht wirklich im Griff hatte. Leider wusste ich nur nicht, wie ich das bloß anstellen sollte, einen sinnvollen Job zu finden, der mich wachsen und reifen ließ und darüber hinaus auch noch gute Handlungen förderte.

Nun, weil ich so herum grübelte und mir auch nichts anderes einfiel, ging ich eben ein ganzes halbes Jahr lang in meiner Mittagspause in den Stephansdom. Ich mochte nämlich diesen Dom. Er erinnerte mich immer an Gott und außerdem wirkte er auf mich beruhigend. Jedes Mal wenn ich den Dom betrat, hatte ich eine Bhagavad Gita bei mir, die mein Papa einmal vor Jahren von einem Hare Krishna Mönch gekauft hatte. So las ich fast jeden Tag im Stephansdom einige Absätze dieser Hindubibel, denn ich war halt schon wieder ein bisschen verzweifelt; denn irgendwie wurde ich das Gefühl überhaupt nicht mehr los, dass ich in meiner Arbeit Erkenntnisse erzielen könnte. Ich brauchte also unbedingt Hilfe, denn ich wollte mich bessern, ja mein Leben positiv und sinnvoll verändern.

Monate lang grübelte ich von Montag bis Freitag vor mich hin. Eines Tages stellte ich meinem besten Freund, der im Dom ja zu Hause ist, die Frage: „Hey großer Gott, wie nennt man das bloß, wenn man sich für andere Menschen einsetzen möchte? Es muss doch irgendetwas Soziales für mich geben, oh Gott, hilf mir bitte dabei, so etwas zu finden!" Solche Anfragen und Forderungen an den Herrn dieses Universums schossen mir immer wieder durch den Kopf. Gespannt wartete ich dann natürlich auf eine Antwort. Und was war?

Die Monate gingen so dahin und ich bekam keine Antwort. Egal, ob ich im Stephansdom herum hang oder beim nachhause gehen durch den Park rannte, es war niemand da, der gewillt gewesen wäre, mir eine Antwort zu geben. Meine Familie verstand mich überhaupt nicht. Ganz im Gegenteil, sie waren froh, dass mein Abenteuer in Indien gut ausgegangen war und ich jetzt endlich einmal der Normalität folgen würde. Ich jedoch war enorm ungeduldig. Keine Spur von Gleichmut war in mir zu finden; sondern ganz im Gegenteil, ich wollte wieder einmal alles mit Vollgas zu einem guten Ende bringen.

Da kam scheinbar meine Rettung. Sonja, meine Cousine, erklärte mir: „Du Penelope, du möchtest doch so gerne in einem Sozialberuf arbeiten. Warum wirst du nicht Krankenschwester?" Sonja, die selbst als herzliche und engagierte Ärztin praktizierte und sich ununterbrochen medizinisch weiterbildete, erhoffte sich, dass ihr Vorschlag mich begeisterte. Ich jedoch dachte mir: „Oh je, Krankenschwester? Ist das nicht ein bisschen langweilig?" In der Vergangenheit konnte ich nämlich bei mir auch beobachten, dass mir immer leicht übel wurde, wenn ich Blut oder Erbrochenes sah. Ich verlor dann immer gleich meinen Appetit und so spürte ich, dass ein medizinischer Beruf nicht ganz das Richtige für mich gewesen wäre.

Egal! Ich wollte mein Cousinchen natürlich nicht enttäuschen, da sie mir sehr viele Informationen für die Bewerbung gegeben hatte. Na, ja ich gab nach und bewarb mich also. Nach ein paar Wochen wurde mir ein Vorstellungstermin mitgeteilt. Zu einem bestimmten Tag hatte ich in der Krankenschwesterschule folglich ein Aufnahmegespräch. An und für sich versäume ich solche Termine nie. Aber in diesem Fall ist mir das Datum regelrecht entfallen. Ich habe es echt verpasst hinzugehen und bemerkte das Missgeschick erst am Abend. Ich glaube, Sonja war ein bisschen von mir enttäuscht, aber ein medizinischer Beruf hatte mich wirklich nicht begeistert, denn in den Krankenhäusern, da gibt es so viele Krankheiten und alle Menschen laufen im Pyjama herum. Nun, dieser Wirrwarr wollte mir einfach nicht gefallen und die Idee Krankenschwester zu werden, legte ich auf ad acta.

Also rannte ich wieder in den Stephansdom, setzte mich auf eine Bank und jammerte alle mir bekannten Heiligen an. Ich glaube, die konnten mich gar nicht mehr hören, so sehr nervte ich sie. Es war, als hielten sie sich alle die Ohren zu, denn, meine Freunde, stellt euch vor, ich stieß die ganze Zeit nur auf taube Ohren. Kann es denn so etwas geben? Dabei weiß ich ganz sicher, dass Gott uns sehr wohl hört, schließlich wurde mir ja beigebracht, dass er allgegenwärtig sei. Er hat in Wirklichkeit seine Ohren überall und das regte mich ungemein auf, dass er wieder einmal so tat, als ob er nicht zu Hause wäre und ich mich in Geduld zu üben hatte.

Natürlich blubberten durch meinen Kopf wieder Sätze, wie: „Immer diese ewige Warterei! Himmel, warum weiß ich nicht, wo mein Weg ist? Ich muss einfach etwas Soziales arbeiten, ich ertrage sonst mein Dasein nicht! Es muss doch eine Möglichkeit für mich geben, auch mit Menschen zu arbeiten!" Dann wurden meine Gebete meistens so richtig deftig und ich pöbelte den Hausherrn frech an: „Etwas Soziales! Hey Gott, etwas Soziales brauche ich! Hörst du? Warum bis du schon wieder nicht zu Hause? Ich will jetzt endlich mal erhört werden! Die ganze Zeit soll ich mich ruhig verhalten, ich will aber nicht! Zeig' mir endlich, wo's lang geht!"

Na ja, er hörte überhaupt nicht. Er tat nichts. Es passierte nichts und mir fiel auch nichts ein. Wieder einmal war nichts anderes angesagt, als zu gluckern. Oh je, nervte mich das, es war wieder einmal furchtbar langweilig. Wo blieb denn da bloß die Action?

Ich hielt es nicht mehr aus. Etwas musste endlich geschehen. Anstatt mich in Geduld zu üben und ein bisschen auf die Inspiration zu vertrauen, nahm ich wieder einmal mein Leben in die Hand. Mit Vollgas musste jetzt sofort eine Lösung her, denn weitere Monate zuzuwarten, ist doch nur Zeitverschwendung. Also setzte ich meinen Dickkopf durch und rannte wieder einmal in die falsche Richtung. Ich hatte mich nämlich schon über die Ausbildungsmöglichkeiten für „Sozialberufe" erkundigt und da traf ich eine Entscheidung.

Weil es eben in meinem Hirn „klick" machte und ich voller Ungeduld im Stephansdom herumwetzte, kam mir der Gedanke: „Okay, ich könnte doch die Ausbildung für Sozialarbeiter absolvieren."

Da ich mich schon schlau gemacht hatte, wusste ich, da gibt es auch einen Lehrgang für Berufstätige und daher hätte ich meinen Job bei der Airline nicht gleich aufgeben müssen.

Das einzige Hindernis, das sich jedoch mir in den Weg stellte, war eine Aufnahmeprüfung. Sie war Voraussetzung und ich war zuversichtlich, dass ich sie ganz sicher bestehen könnte. Diese Prüfung bestand aus aktuellen Fragen zur Politik, die in einem Aufsatz zu erörtern waren, einer Diskussionsrunde und dann gab es noch ein Aufnahmegespräch. Nun ja, ich malte mir schon im Kopf aus, wie es sein würde, sobald ich diese Kleinigkeit von einer Prüfung hinter mich gebracht hätte, denn dann würde endlich meinem Glück nichts mehr im Wege stehen.

Von da an freute ich mich auf die Mittagspausen, die ab sofort nicht mehr im Stephansdom stattfanden, sondern in einem Cafe. Dort studierte ich angestrengt und flott die aktuellen Zeitungen, denn die Uhr tickte und die Pausen gingen rasch vorüber. Zusätzlich übte ich mich heimlich im Verfassen von Aufsätzen, denn schließlich wollte ich auch ein bisschen Schwung und Elan in meinen Schreibstil bringen. Bei all diesen Bemühungen war ich wirklich sehr konzentriert, denn diese Aufnahmeprüfung wollte ich unbedingt schaffen. Ich hörte zwar, dass von den zweihundertfünfzig Bewerbern nur fünfundzwanzig in den Ausbildungslehrgang aufgenommen werden würden und davon noch die Hälfte männlichen Geschlechts sein müssten, aber darüber machte ich mir keine Sorgen; denn ich war der Ansicht, dieser kleine Unterschied würde schon nicht ins Gewicht fallen und ich könnte ganz sicher eine von den zwölf Mädels werden, die in diesen Lehrgang hineinrutscht.

Es dauerte nicht lange und ich durfte mein Können unter Beweis stellen. Hurra, die Aufnahmeprüfung war da und ganz sicher würde ich sie bestehen, die ja ohnehin nur ein Klacks sei.

Voller Zuversicht machte ich mich auf den Weg, betrat das Ausbildungsgebäude und meldete mich zur Prüfung. Da saß ich nun in einem hellen und sauberen Klassenraum. Ich glotzte auf meinen Zettel, betrachtete ihn von oben nach unten und stellte fest, dass die Frage, die ich zu beantworten hatte, über das politische Geschehen in unserem schönen Land, mir völlig unbekannt war.
„Oh nein, ich habe die falsche Frage bekommen", blubberte es durch meinen Verstand. Ich blickte zu meiner Nachbarin und erkannte, dass sie eine Fragestellung erhalten hatte, mit der ich mir viel leichter getan hätte. Ich jedoch saß vor meinem Blatt Papier und wusste nicht, was ich schreiben sollte, denn das vorgegebene Thema war mir vollkommen fremd. Ehrlich, es kam mir vor, als hätte ich die Antwort nur in den Kulturseiten nachlesen können, die ich aber zu meinem Leidwesen immer nur ausgelassen hatte.

Nun, wie ging es weiter? Absoluter Stillstand erfüllte meinen Kopf. Es dämmerte mir rein gar nichts. Nun wurde ich wieder einmal ziemlich nervös. Es war ein Alptraum. Jetzt wusste ich nicht, was ich zu Papier bringen sollte und die Zeit verstrich. Da aber alle anderen Teilnehmer so super los schrieben, dachte ich mir: „Egal, schreibst halt auch etwas."
Ich fing an, irgendetwas zu Papier zu bringen, denn dabei sein ist ja alles und ich glaube am Ende war es sogar etwas Spirituelles. Beim Abgeben war ich dann nicht mehr so zuversichtlich. Ich fragte die anderen Teilnehmer, was sie so geschrieben hatten und nun stellt euch vor, die haben etwas ganz anderes getextet. Nun ja, nobody is perfect und die Prüfung war ja noch nicht zu Ende. Ich war gerüstet für den nächsten Auftritt.

Die nächste Prüfung bestand darin, sich in einem Kreis mit anderen Teilnehmern zu setzen und gemeinsam ein Projekt zu diskutieren. Dabei wurden wir von zwei Prüfern beobachtet, wie wir uns im Team koordinieren würden.
Was kann ich dazu sagen, meine Freunde. Da war so eine alternative, in Wollweste gehüllte Bewerberin am Werk, die ununterbrochen das Wort ans sich riss. Sie gab damit den Ton und das Ziel des Gesprächs an. Vom Auftreten her war sie direkt und ihre Sprache hörte sich super sachlich an. Nun ja, sie war der geborene

Führungstyp und alle anderen redeten ihr natürlich nach dem Mund.

Nur ich nicht! Ich machte nämlich auf Widerstand und war dabei super dämlich. Ich glaube, ich war schon wieder irgendwie in die Spiritualität abgedriftet. Ich wusste gar nicht so recht, worum es ging, aber Hauptsache ich widersprach ihr. Ihre Art sich in den Mittelpunkt zu stellen, provozierte mich so sehr, ja leider es ist einzugestehen, ich wechselte vom Seepferdchen zu einem winzigen Haifisch.
Auf alle Fälle habe ich versucht, sie zu schnappen. Nun gut, die anderen Bewerber im gemeinsamen Kreis guckten mich an, als wäre ich von einem anderen Stern. Dabei war ich echt unschuldig. Ich versuchte ja nur, mich ein bisschen einzubringen. Es war ja gar nicht meine Absicht zu stören, ich wollte doch auch nur etwas Gescheites sagen. Ja, ich wollte doch auch nur dabei sein und ein paar neue Gedanken einfließen lassen.

Aber ich muss schon sagen, dieser alternative in Wollweste gehüllte Haifisch ließ sich nicht umstimmen. Gut ich nehme an, ich war wahrscheinlich für die anderen nicht besonders verständlich. Am Ende vermittelte ich scheinbar den Eindruck, dass ich mit Gruppen nicht zusammenarbeiten könnte. Ich gebe es ja zu, es war peinlich, aber ich hatte ja noch ein Einzelgespräch und da wollte ich doch endlich zeigen, dass in mir sehr wohl etwas Soziales steckt.

Nun bei diesem Einzelgespräch oder sollte ich das ganze eher Einzelvorführung nennen, saß ich auf einem Sessel, schaute, dachte und beäugte meinen Prüfer.
Dieser lässige Herr Doktor hatte natürlich bei der vorherig stattgefundenen Übung oder soll ich eher sagen Haifisch-Zurschaustellung schon beigewohnt und deshalb war unser gemeinsames Gespräch vielleicht auch ein bisschen vorbelastet. Wie auch immer, ich wollte mich von meiner besten Seite zeigen und bemühte mich umso mehr.

Meine Freunde, dieser Knabe war mir hochgradig unsympathisch. Der machte die ganze Zeit auf „ich bin so gescheit und so toll."
Im Gespräch fragte er mich, warum ich den Sozialarbeiterin werden möchte und als ich zur Antwort gab: „Ja, ich möchte mich für andere Menschen einsetzen", da verzog er nur sein Bartgesicht.
Ich glaube, da habe ich dann kurz durchgeschnauft und das hat er natürlich gehört. Ich wollte interessant und engagiert wirken, aber irgendwie starrte er mich nur entgeistert an, weil ich zu laut geschnaubt hatte.
Zusätzlich war er leider als Mann auch noch so unnahbar. Ich bekam diesen Burschen überhaupt nicht zu Fassen. Andauernd flutschte er mir durch

die Finger. Dabei bin ich eine Frau, zugegeben nicht so wunderschön, aber ich hatte meine Reize. Schon komisch, das alles half mir bei diesem Grizzlybär überhaupt nicht weiter. Ich sagte etwas und er verstand nichts, jedes Mal guckte er so komisch erstaunt. Dadurch entstanden sehr viele Leerpausen, die für ein Aufnahmegespräch nicht sehr dienlich waren und die mir das Gefühl gaben, ich würde am Stand treten.

Ja ja, ich muss schon zugeben, froh war ich, als das Interview vorbei war. Der Vormittag war vorüber und ich durfte nach Hause gehen. Man sagte mir, dass ich schriftlich über meine Aufnahme verständigt werden würde und nun dürft ihr raten, was in diesem Schreiben stand.
Es tut uns leid, Ihnen mitteilen zu müssen bla, bla, bla…..

Wisst ihr, was ich dann gemacht habe?
Ich rannte in den Stephansdom, was denn sonst! Dort angekommen setzte ich mich in eine Bank und es war mir wirklich zum Weinen. Was für ein Absturz. Mein restliches Selbstvertrauen löste sich in Luft auf. Ich wusste überhaupt nicht mehr, wie ich mein Desaster kitten sollte. Es war eine Art Wunde in mir aufgerissen, die ich mit einem Pflaster nicht mehr versorgen konnte. Da brauchte es schon einen richtigen großen weißen Verband. Am besten gleich einen Gipsverband, dann wäre ich super ruhig gestellt.

Ganz zart japste ich dann den Hausherrn an und bat ihn ganz sanft, mir zu helfen, denn ohne ihn gehe ja gar nichts.

Das erste Mal verstand ich, dass mit Vollgas dahinsausen, nichts viel bringt. Also versuchte ich, einfach ruhig zu werden. Ich saß einfach nur mehr so da, konzentrierte mich auf meine Atmung und dabei wurde mein Kopf ganz leer. Also nicht so leer wie bei der Prüfung, sondern es machte sich Stille in mir breit.

Ich entspannte mich dabei und bat einfach nur um Hilfe. Ich schilderte ihm mein ganzes Leid, so als ob er dieses nicht schon längst gewusst hätte. Ich sagte ihm, dass er mein bester Freund sei und ich eigentlich eh' nicht viele Freunde habe; er aber der einzige sei, der nicht immer irgendetwas von mir will, sei es Geld, Aufmerksamkeit oder meine Ohren, die zuhören sollten.

Er war wunderbar, denn er ließ mich einfach nur reden und hörte mir zu. Ganz am Ende, als ich nichts mehr wusste, was ich sagen sollte, fragte ich ihn, wie es denn mit mir weiter gehen soll. Danach war ich still.

Plötzlich, meine Freunde, ich konnte es kaum glauben, war der Herr des Universums wirklich zu Hause. Er sprach zu mir. Aus meiner Intuition heraus hörte ich das Wort „Geduld". Das war alles, was ich zu hören bekam, aber es war genug.

Ich wollte vertrauen und aufhören zu kämpfen. Ich wollte wie Wasser werden und einfach nur dahin fließen und darauf bauen, dass mein bester Freund mich schon richtig lenken würde. Er kann das nämlich ziemlich gut.

Auf einmal wurde es mir bewusst, dass ich mir gar nicht so viele Sorgen machen müsste. Viel zu oft dachte ich an diese Welt, aber zugleich dachte ich zu wenig an denjenigen, der sie erhält. Das Besondere war, dass ich ihn nur dann in mir hören konnte, wenn ich aufhörte zu denken oder etwas zu wollen. Ja, wenn meine Wünsche ausgeschaltet waren, mein Denkorgan zur Ruhe kam, dann hörte ich intuitiv seine Stimme.

Es handelt sich nicht um eine echte Stimme, so wie wir Menschen sie haben, sondern es ist ein intuitives Gewahrsein. Es gibt dafür keinen Beweis, aber als ich es erlebte, hatte ich trotzdem die Gewissheit, dass es seine Botschaft war und dass diese Stimme existiert.

Nun gut. Entweder man nimmt ihn im Inneren wahr oder man hört ihn Außen, wenn er durch andere Menschen spricht. Wisst ihr wie es bei mir war? Die Antwort „Geduld" kam von Innen, aber alle anderen Botschaften kamen direkt von Außen und dies hat sich folgendermaßen zugetragen.

Ich gab eben auf. Ich kämpfte nicht mehr und überlies alles ihm. Jeden Tag ging ich zur Arbeit, stellte die Tickets aus und verhielt mich ruhig. Ich forderte nichts, besuchte meinen besten Freund im Stephansdom und machte mir über meine Zukunft keine Sorgen.

Eines Tages in einem Laden auf der Kärntner Straße geschah es dann plötzlich, dass ich die nächste Botschaft bekam. Ich stand an der Kassa, noch immer nicht wissend wie es mit mir weitergehen sollte. Die Kassiererin sprach mit einer Kundin und sagte: „Vorher habe ich Jus studiert, aber das war für mich nichts. Jetzt studiere ich auf der Universität Wien Sozialpädagogik und das ist echt super."
Ich hörte diesen Satz. Es donnerte in meinen Ohren. Ich war fassungslos. Nein, konnte das sein, dass dieser Satz mir gegolten hat und ich gerade die Antwort erhielt? Sprach mein bester Freund durch diese nette junge Frau? Kann es sein, dass ich noch einmal auf die Uni gehen sollte? „Oh Gott, es war furchtbar die Rechtswissenschaften zu studieren und jetzt soll ich Sozialpädagogik inskribieren? Ist das dein Wille? Sag mal, hast du für mich dieses Studium ausgesucht?"

Wie immer ratterte es in meinem Kopf los: „Weiß er denn nicht, dass ich nicht ganz richtig in der Birne bin. Er hat scheinbar total vergessen, dass meine Gehirnzellen sich in der embryonalen Phase nicht ausreichend entwickelt hatten. Ich kann das doch gar nicht schaffen!" Sofort verließ ich das Geschäft und eilte zurück zu meinem Arbeitsplatz. Tief drinnen in mir wusste ich jedoch, das war die Antwort.

Die Kassiererin sprach die Sätze, die für mich bestimmt waren. Die alte Angst des Versagens kam wieder in mir hoch. Ich konnte mir überhaupt nicht vorstellen, wieder Studentin zu sein, obwohl mir der Begriff Sozialpädagogik schon gut gefiel.

Wie auch immer, ich musste Erkundigungen über dieses Studium der Humanwissenschaften einholen, um mehr über die Anforderungen zu erfahren.

Das Studium

Auf der Uni Wien an der Zulassungsstelle war die Dame sehr freundlich und zuvorkommend. Ich konnte ohne Hindernisse meine amerikanische Matura einreichen. Ja, alles lief wie am Schnürchen, denn es gab überhaupt keine Widerstände; mit einem Wort es waren keine Haifische oder Grizzlybären zugegen, die mir Schwierigkeiten bereitet hätten. Dennoch wurde ich auf eine Kleinigkeit aufmerksam gemacht. Da ich einen amerikanischen Abschluss hatte, musste ich zuerst eine Externistenprüfung in Philosophie und Psychologie absolvieren, um die Berechtigung zu erwerben, in den Humanwissenschaften inskribieren zu dürfen. Nun blieb mir nichts anderes übrig, als dieses Examen nachzuholen. Ich vernahm diese Botschaft und natürlich wurde mir gleich wieder ein bisschen übel.

Aufgrund dieses Hindernisses machte ich gezwungenermaßen einen Termin mit einer jungen Professorin aus, die mich später prüfen sollte. Diese junge Dame nannte mir vier Bücher und die wichtigsten Kapiteln, die ich zu lernen hatte.

Nun war ich leider so nervös, dass ich wieder einmal nicht hörte, wie sie sagte, es wären zwei von vier Büchern auszuwählen und zu lernen, also jeweils eines für die Philosophie und eines für die Psychologie. In meiner Panik bestellte ich gleich einmal alle vier vorgeschlagenen Bücher und begann zu lernen. So ging ich unter Tags arbeiten und am Abend vertiefte ich mich in meine Lehrbücher.

Es ist mir noch gut in Erinnerung, dass ich beim Lernen sehr angespannt war. Immer wieder kam in mir die Versagensangst hoch, es nicht zu schaffen. Deshalb schrieb ich auf meinem Schreibtisch ganze Blöcke voll mit Kapiteln oder ich gab mich unterschiedlichen Positionen auf der Coach hin, um mir den Lernstoff besser merken zu können.
Es war Spätherbst, als ich endlich meinen Termin erfuhr. Kurz vor Weihnachten sollte ich geprüft werden und meine Freunde, ich war mehr als zappelig, denn für mich handelte es sich um einen großen Schritt, nämlich zurück in meine Schwächen und Ängste. Ich musste mich diesen Gefühlen stellen, um sie endlich auflösen zu können. Also durchbeißen, komme was wolle, das wurde zu meinem Motto.

Ich erinnerte mich an Oma. Sie studierte nach dem zweiten Weltkrieg Medizin. Vor lauter Hunger ist sie in der Uni Graz während einer Vorlesung ohnmächtig geworden. Dazu kam noch, dass nach dem Krieg die Uni nicht geheizt war und sie fror; ja mit ihrem Durchhaltevermögen war Oma für mich ein einmaliges Beispiel.

Nun, alle Menschen müssen ihre eigenen Hindernisse auf ihrem Lebensweg beseitigen. Das bleibt niemandem erspart, vorausgesetzt man möchte wachsen. Aber eines kann ich sicher sagen, die Stolpersteine während unseres Lebens sind keine Hindernisse, sondern die Stufen zum Sieg.

Mit dieser Einstellung wollte ich kämpfen und natürlich siegen, niemals aufgeben und meine Kräfte, ja meine Intelligenz mobilisieren, obwohl ich an letzteres nicht so sehr glaubte, dass ich genügend darüber verfügen würde. „Aber egal; mit vollem Bemühen und Ehrgeiz müsste doch etwas zu schaffen sein, Penelope gib niemals auf!", dieser Gedanke wurde zu meinem persönlichen Motto und da strengte ich mich an.

Der Tag der Prüfung kam und ich fuhr in den einundzwanzigsten Bezirk von Wien. Die Prüfung fand in einem Klassenzimmer statt. Viele andere Prüflinge waren anwesend. Meine Professorin erwartete mich. Die Empfindung, die sich damals in meinem Magen breit gemacht hatte, fühlte sich ziemlich flau an und dabei glühte wie immer mein Kopf. Ich habe ganz sicher wieder einmal umwerfend ausgesehen, aber wie auch immer, ich musste es schaffen.

Meine Professorin sah mein Herzklopfen und übergab mir meine Fragen zur Psychologie und Philosophie. Ich machte mir ein paar Notizen und dann ging es los. Die Prüfung wurde mündlich

abgehalten. Zuerst war die Psychologie dran. Mit gepresster Stimme gab ich meine Antworten. Ich packte alles hinein, was ich wusste und bemerkte, dass meine Prüferin mich sehr herzlich beobachtete. Also sie war überhaupt kein Haifisch, sondern Seepferdchen, denn es war ziemlich angenehm, in so ein offenes Gesicht hinein zu schauen. Dann ging es weiter mit den Fragen zur Philosophie. Es bereitete mir überhaupt keine Schwierigkeiten, diese umfangreich zu beantworten. Irgendwie begannen meine Antworten zu fließen, denn das Lächeln meiner Prüferin entspannte die Situation sehr. Innerhalb von einer viertel Stunde war alles vorbei.
Ich konnte meinen Augen nicht trauen, als meine Professorin die Note „Sehr gut" niederschrieb. Plötzlich hielt sie inne und sah mich durchdringend an. Unerwartet fragte sie mich, was ich den studieren wolle. Ich sagte ihr, es sei die Sozialpädagogik, also die Humanwissenschaften hätten es mir angetan. Da antwortete sie: „Ja, machen Sie das, dieses Studium ist das Richtige für Sie."

Ich verabschiedete mich von ihr und war wieder einmal baff. Beim Verlassen des Klassenraums dachte ich mir: „Wau, woher weiß sie das? Warum meint sie, dieses Studium wäre gut für mich? Wie kann sie so etwas zu mir sagen, sie kennt mich ja gar nicht! Wir haben uns ja nie über meine Pläne unterhalten."

Ich eilte die Stiegen hinunter. Unten war das Sekretariat, wo ich mein Externistenzeugnis erhalten würde. Ich überreichte der Sachbearbeiterin meinen von der Professorin ausgefüllten Zettel und wartete auf mein Zeugnis. Ich fragte mich immer wieder, wer denn da eigentlich zu mir gesprochen hatte. War das mein bester Freund gewesen, der durch diese Professorin sprach? Ja, heute kann ich sagen, er war es. Ganz cool und ohne Mühe gab er mir damals grünes Licht für das richtige Studium.

An diesem Abend war ich enorm glücklich. Ich wusste, von nun an geht es aufwärts. Ich hatte den besten Freund, den man haben kann, an meiner Seite, vor allem dann, wenn ich ihm vertrauen würde. Natürlich setzte diese besondere Hilfe voraus, dass ich nicht wieder ignoranterweise Vollgas gab und alles Mögliche auf eigene Faust entscheiden würde. Am besten ein bisschen still halten, dachte ich mir, dann würde sich diese Führung gewiss einstellen.

Somit studierte ich also wieder an der Universität Wien. Diesmal jedoch lief ich nicht in den Wald, um zu lernen. Ich brauchte auch keinen Johanniskrauttee von Tante Greti, um meine Nerven zu beruhigen. Es reichte einfach mein Fleiß, mein Vertrauen und meine Bemühungen. Die Themen dieses Studiums waren für mich großartig. Da war viel Philosophie und Psychologie eingepackt, viel Wissenswertes, das mich auch interessierte. Es war für mich nicht annähernd so mühsam, wie die Rechtswissenschaften, da die Humanwissenschaften einfach besser zu mir passten.

Wie auch immer, ich war also wieder im Rennen. Ich kündigte bei der Airline und bekam durch Zufall einen Job bei „Essen auf Rädern". Am Wochenende lieferte ich Essen aus und so konnte ich mir einiges dazu verdienen.

Als ich das erste Semester hinter mich gebracht und alle meine Prüfungsergebnisse erhalten hatte, war ich unendlich erleichtert. Ich hatte vier Prüfungen mit „Gut" und zwei Prüfungen mit „Sehr gut" bestanden.
Als ich diese Ergebnisse in meinen Händen hielt, da passierte etwas ganz wunderbares. Ich wusste intuitiv, dass ich von nun an alles bestehen und schaffen könnte. Das Gefühl nichts zu können, löste sich plötzlich ganz von alleine in mir auf. Ich guckte vor mich hin und betrachtete die Noten und den Stempel der Uni Wien eine ganze Weile. Dabei lauschte ich in mich hinein und spürte eigenartigerweise, dass sich meine Versagensangst endlich auflöste. Sie schmolz dahin wie ein Eisberg oder eher wie ein Schneemann in der Sonne. Irgendwie verpuffte sie und ich war endlich frei. Ist doch komisch, nicht wahr?
Dieser Krake, in Form meiner Versagensangst war also nur Illusion und demnach nicht real. Er hielt mich lange fest im Griff und behinderte mein Wachstum. Der Krake löste sich jedoch in Nichts

auf, als ich begann, keine Gedanken des Versagens mehr zu denken; ja als ich endlich zuließ, mir selbst zu vertrauen und an mich zu glauben.

Gedanken der Mutlosigkeit hatte ich von da an nicht mehr, denn ich hielt schwarz auf weiß den Erfolg in meinen Händen. Von diesem Augenblick an konnte ich diese Angst nicht mehr fühlen, weil ich auch die dazu passenden Gedanken nicht mehr dachte und nährte. Das erste Semester war geschafft und ich wusste, die nächsten würden keine Hindernisse mehr darstellen, davon war ich felsenfest überzeugt.

Also ging ich nach diesem ersten erfolgreichen Semester getrost schlafen. Ich hatte Ferien, die Prüfungen waren abgelegt und da wurde mir eine besondere Vision geschenkt.

Ich stand auf den langen breiten Stufen der Uni Wien am Schottentor. Ich schaute mich um und sah, dass es der Aufgang zum großen Festsaal war. Um mich herum liefen Studenten die breiten Marmorstiegen rauf und runter. Als ich meinen Blick nach oben richtete sah ich Baba am Beginn der Treppenstufen stehen, den ich in Indien besucht hatte.
Er trug ein langes dunkelrotes Samtkleid und winkte mich herbei. Ich ging die Stufen hoch. Als ich mit ihm vor dem großen Festsaal stand, umfasste er meine Taille und begann mit mir

Walzer zu tanzen. Er war ein sehr geschickter Tänzer und so schwebten wir die Stufen hinunter und tanzten dabei im dreiviertel Takt. Vor einem Hörsaal hielt Baba auf einmal inne und wir setzten uns in eine Bankreihe. Ich hielt seine Hand, sah ihn an und fragte ihn, ob er mit mir zufrieden sei. Er nickte und lächelte. Dann fragte er mich, ob ich noch eine Frage an ihn hätte, bevor er wieder gehen würde. Da drängte sich in mir eine sehr wichtige Frage auf.
Ich sagte: „Die Gruppe?" Baba verstand sofort, wen ich meinte. Er erklärte: „Lass diese Gruppe sein, eines Tages haben sie die Rechnung dafür zu tragen." Ich nickte und verstand; dann verabschiedete er sich von mir und verschwand.

Ich wachte auf und die Vision war zu Ende. Es war für mich kein normaler Traum, denn zu viele besondere Botschaften waren darin enthalten.
Da war Baba mit einem besonderen festlichen Gewand bekleidet, das ich nur von Fotos kenne. Diese Bekleidung trug er nur bei den Master Abschlussfeierlichkeiten seiner Studenten in Indien. Daher wusste ich, das Studium würde ich ganz sicher abschließen können, denn Baba feierte mit seinem Festgewand bereits meinen zukünftigen Universitätsabschluss.

Zusätzlich kam noch, dass er eine Warnung ausgesprochen hatte, die für mich von besonderer Wichtigkeit war.

Meine Freunde, vor einigen Jahren hatte ich eine Frauengruppe kennen gelernt, die nun während meines ersten Semesters wieder zu mir Kontakt aufgenommen hatte. Baba warnte mich vor dieser Gruppe.
Ihre Anführerin betrachtete sich als „erleuchtet" und verstand sich als Lebensberaterin, bot Massagen und so genannte „Heilungen" mit Steinen an. Da ich früher auf der Suche war und meine Ängste mit mir herumtrug, war ich natürlich ein gefundenes Fressen für diese Gruppe.
Die Anführerin wertete ihre Anhängerinnen unterschiedlich; so gab es Schülerinnen, die anderen überlegen gewesen sein sollen, da sie schon mehr „Entwicklung" hinter sich gebracht hätten. Damit war aber natürlich die Arena frei für Konkurrenzdenken und Eifersucht, denn die Mädels buhlten um die Aufmerksamkeit der selbsternannten „Erleuchteten", die dann wiederum diese freigesetzten Emotionen für sich nutzte, indem sie ihre Anhängerinnen noch mehr von ihrer Person abhängig machte.

Nun, diese Anführerin beabsichtigte auch mich zu verunsichern und zwar mit ihren manipulativen Aussagen. Zuerst zählte sie mir meine Schwächen auf und erklärte mir zugleich, ich würde die Gruppe brauchen, um diese persönlichen Probleme lösen zu können. Ja, ich würde unbedingt ihre Hilfe benötigen, um überhaupt mein Leben zukünftig bewältigen. So versuchte sie mich zu täuschen und mich an die Gruppe zu binden, damit schlussendlich eine Abhängigkeit entstehen würde.

Sehr bald durchschaute ich diese Dame und erkannte sehr klar, dass dieser geforderte Herrendienst, der von ihren Anhängern geleistet wurde, ihr wiederum Befriedigung einräumte; denn dann konnte sie sich in den Mittelpunkt stellen und den Rummel um ihre Person genießen. Sie sprach dabei von „persönlicher Entwicklung", die sich jedoch nur dann einstellen würde, wenn man ihre Unterstützung in Anspruch nahm und dafür verlangte sie nebenbei eine Menge Geld für Einführungen in Meditationen.

Sehr bald bemerkte ich jedoch, dass ich dieser „Erleuchteten" und ihren nächsten Anhängerinnen nichts bedeutete.

Sie war nur an ihrer ausübenden Macht und natürlich am Einkommen der Anhänger interessiert. Für eine Sitzung musste man bis zu siebzig Euro bezahlen. Mir gefiel diese ganze Abhängigkeit untereinander gar nicht.

Ich fühlte mich einfach bei diesen immer lächelnden manipulativen Frauen nicht wohl, die mich ganz subtil wissen ließen, wie sehr ich sie brauchen würde, um meine Lebensaufgaben zu erfüllen.

Als ich mich bald zu lösen begann, wurde mir natürlich prophezeit, dass ich mit meiner Entscheidung, mich zu trennen, in meiner „spirituellen Entwicklung" zurückfallen würde, denn ohne die Gruppe gebe es keinen spirituellen

Erfolg. Damals dachte ich mir: „Nun ja, zurückfallen? Am besten gleich in die Hölle!" Es war mir egal, was sie mir prophezeiten. Ich wollte unbedingt frei sein und mich nicht in eine emotionale Abhängigkeit begeben.

Ich hatte damals Diskussionen geführt, dass ich der Ansicht sei, man solle Spiritualität nicht verkaufen, sondern sie unentgeltlich aus Liebe zum Menschen anbieten. Damals hatte mir diese Anführerin zur Antwort gegeben, dass die Menschen es nicht Wert seien, in sie kostenlos zu investieren.
Sie beschimpfte meine Mitmenschen als schlecht und daher hätten diese so genannten unwürdigen Seelen, für jede spirituelle Unterweisung zu bezahlen.

Meine Freunde, wenn ihr so jemanden begegnet, dann lauft am besten weg. Gott hat uns Füße geben, damit wir uns in Sicherheit bringen können. Diese Gruppe bestand aus sehr gefährlichen Menschen, die kein schlechtes Gewissen hatten, wenn sie andere schädigten.
Einige Jahre später erfuhr ich, dass diese Anführerin unwissende Sucher in die Arme einer anderen gefährlichen Sekte trieb.

Ich war heilfroh, dass Baba mich gewarnt hatte und mir sehr direkt vermittelte, dass ich diese Gruppe unbedingt sein lassen sollte. In dieser Vision erschien er mir wie ein schützender Engel, der mich aus den Fängen dieser Leute befreite. In Indien hatte ich die Erfahrung gemacht, dass ein echter spiritueller Meister sein Wissen und seine Erkenntnis unentgeltlich weiter gibt. Wenn dies nicht der Fall ist, dann meide ich solche sich selbst als erleuchtet darstellenden Personen.

Es ist dann viel besser alleine zu Hause, den besten Freund um Hilfe zu bitten. Dessen Hilfe ist nämlich für jeden Menschen vorhanden, zumal wir ihm alle gleichwertig nahe sind. Voraussetzung dafür ist jedoch, dass man ein bisschen Stille übt und nach Innen hört.
Diese innere Führung oder vielleicht sollte ich sagen, diese innere Stimme ist in uns Menschen gegenwärtig, in Form unseres Gewissens und Gewahrseins. Jeder Mensch auf Erden kann zu seinem eigenen weisen Ratgeber einen direkten Kontakt herstellen und wenn wir nicht unserem Gewissen zuwider handeln, dann sind wir auch ganz sicher spirituell gut unterwegs.

Daher benötigen wir niemanden, der uns anleitet oder meint führen zu müssen, denn wir alle können unser Leben, je nach unseren Stärken und Begabungen bewältigen.

Meine Erfahrung lehrte mich, dass jeder Mensch von sich aus spirituelle Einsichten gewinnen und direkten Kontakt zu Gott aufbauen kann; denn unser bester Freund braucht zweifellos keine

Vermittler, wenn er uns etwas mitteilen möchte, aber dazu komme ich noch im nächsten Kapitel.

Der Prophet

Es war nicht zu glauben, aber auch nach dem ersten Semester auf der Universität Wien lief alles super großartig. Es gab zwar die überfüllten Hörsäle, aber das war nicht weiter schlimm. Ich musste manchmal auf dem Boden sitzen, weil die Sitzbänke schon vergeben waren, aber ausgestattet mit warmen Höschen von Mama, Strumpfhosen und Jeans, war auch diese Kleinigkeit zu ertragen. Es fühlte sich einfach wunderbar an, das richtige Studium gefunden zu haben. Die philosophischen und psychologischen Themen konnte ich mir endlich gut merken und am Ende schloss ich sogar mit einem weit besseren Notendurchschnitt ab, als ich noch in meiner Pflichtschule hatte.

Es war befreiend, denn von da an änderte sich auch meine persönliche Ansicht betreffend meinem Gehirnvolumen. Ich wurde nämlich zuversichtlich, doch über genügend Gehirnzellen zu verfügen. Mit einem Satz, meine Freunde, ich kann die frohe Botschaft verkünden, meine embryonale Entwicklung war zum Glück doch einigermaßen gut gegangen.

Am Wochenende trug ich Essen aus, fuhr von Haus zu Haus und verteilte bis zu 50 Kartons.

Gefüllt mit Suppe, Hauptspeise und Dessert erwarteten mich die älteren Damen und Herren in den jeweiligen Hochhäusern. Ich war in einem Bezirk in Wien eingeteilt, der hauptsächlich aus älteren Gebäuden bestand. Aufzüge waren dort seltener Luxus und so schnaufte ich die Stufen hinauf, oft bepackt mit drei bis vier Kartons. Ich muss schon sagen, das Fitnessstudio konnte ich mir damals ersparen, denn bei „Essen auf Rädern" war das Fitness inbegriffen.

Oben angekommen läutete ich an den Türen. Nun ging ein bisschen das Warten los, denn die Damen und Herren hatten es nicht mehr so eilig. Wenn dann endlich die Tür aufgemacht wurde, war ich richtig glücklich, wieder einmal einen vollen Karton abgeben zu können. Im Austausch dazu erhielt ich einen leeren Karton und schon war ich wieder unterwegs in den nächsten Stock.

Nun hatte ich bei dieser Arbeit die Gelegenheit, unterschiedliche Menschen kennen zu lernen.
Da gab es Leute, die wollten, dass ich den Karton in die Wohnung hineintrage. Andere wiederum fertigten mich vor der Türe ab. Wenn ich das Vergnügen hatte, das Essen in einer Küche abstellen zu dürfen, dann gab es Momente, in denen ich gezwungen war, den Atem anzuhalten.

Ich holte daher tief Luft bevor ich die Wohnung betrat, nickte freundlich und machte mich flott auf den Weg zur Küche. „Oje", manchmal musste ich

trotzdem wieder durchatmen, denn meine Lungen waren nicht trainiert, so lange ohne Sauerstoff zu bleiben.
Ja, und damit passierte es mir immer wieder. Feuchte, verbrauchte Luft stieg in meinen Nasenlöchern hoch. „Au weh", dachte ich mir und versuchte so schnell wie möglich wieder aus der Wohnung rauszukommen. Schnellen Schrittes verließ ich die Küche und lief den Flur entlang. Schon längst hatten sich meine Brillen wegen der feuchten Luft beschlagen und ich konnte nichts mehr sehen.
Ich torkelte dann eiligst weiter, bis ich mich endlich wieder vor der Haustüre befand. Dann zog ich frische, gute Luft durch meine Nase und mein Kreislauf wurde wieder angekurbelt. Ja, es war wirklich eine Herausforderung, denn ich war manchmal fast einer Ohnmacht nahe.

Selten, aber doch versuchte ich danach mein Anliegen kundzutun, indem ich den netten Hausherrn bat, doch am Morgen zu lüften.
Diese älteren Jungs schauten mich dann ganz verdattert an und meinten nur: „Wissen Sie nicht wie kalt es draußen ist? Glauben Sie denn ich möchte erfrieren? So ein Blödsinn, nein die Fenster bleiben zu!"
Als Antwort gab ich dann meistens nur ein verständnisvolles „Aha!" oder „Hm?" von mir und sagte: „Auf Wiedersehen, bis zum nächsten Mal." Dann drehte ich mich um und machte mich gleich wieder munter und zuversichtlich auf den Weg zur

nächsten Wohnung. In Erwartung, dass es doch jetzt beim nächsten Hausbewohner besser sein möge, betrat ich dessen Wohnsitz.

Meine Freunde, wieder kämpfte ich gegen meine sich langsam einstellende Bewusstlosigkeit an, wenn ich erneut mit einer persönlichen Duftnote empfangen wurde. Ganz schlimm war es, wenn die Herren oder Damen mit mir ein Gespräch in der Küche beginnen wollten. Da wurden Fragen gestellt über das Essen, über Gewürze und ob nicht die Portionen ein bisschen größer sein könnten.

Damit wurde es aber so richtig bedenklich, denn man versperrte mir zusätzlich den Weg zur Wohnungstür und das bedeutete nichts anderes, als in diesem Domizil durchatmen zu müssen.
Ich glaube, ich hatte da auch des Öfteren meine Gesichtsfarbe gewechselt, denn ich wurde oft ganz komisch beobachtet. Sätze wie: „Geht es Ihnen nicht gut?", wurden mir dann nachgerufen, wenn ich aus der Wohnung schwankte.
Draußen vor der Wohnungstür konnte ich dann endlich die Anliegen wahrnehmen, die gestellten Fragen beantworten, und es gelang mir sogar wieder zu lächeln. Ja und dann ging es gleich wieder hurtig weiter zum nächsten Kunden. Dabei begleiteten mich Gedanken wie: „Diese Wohlgerüche können doch nur besser werden, schlimmer geht es ja gar nicht mehr."

Es gab natürlich auch ältere Herrschaften, die sich ganz nett um mein Wohlbefinden annahmen. Da wurden mir sogar zwei Mozartkugeln angeboten, als Essensration zur Wegstärkung. Manchmal gab es auch Wasser oder ein kleines Gläschen Orangensaft.
Ich muss schon sagen, im Sommer war dies wirklich wohltuend. Mit diesen älteren Damen führte ich dann auch gerne einmal ein längeres Gespräch, denn in deren Wohnungen konnte ich auch durchatmen und so wurde mir das Sprechen möglich gemacht.

Und worüber sprachen wir? Natürlich über die Spiritualität. Das war definitiv mein Dauerthema.

Meine Schwiegermutti Eva hatte eine Reise unternommen. Ich glaube es war in Mexiko, wo sie ein kleines Bild von Jesus Christus gekauft hatte. Dieses Bild hatte es mir wirklich angetan. Ich fand es super, da unser Herr nicht am Kreuz hängt, sondern auf einem Sessel sitzt. Nun der Sessel war nicht zu sehen, jedoch der Tisch auf dem Christus seine Hände verschränkte. Er trägt ein weißes Kleid, wobei aber nur sein Oberkörper zu sehen ist. Sein Gesicht ist makellos gemalt; ganz rein und einfach, mit langen Haaren, so wie sie Wolfgang auf der Uni getragen hatte, dazu einen Dreitagebart, schöne große braune Augen, eine schlanke Nase und einen wohlgeformten Mund. Um sein Haupt herum ist eine weiße Aura gemalt, die vor dem dunklen Hintergrund des

Bildes, gut zur Geltung kommt. Nun gefiel mir dieses Bild so gut, dass ich ein größeres Poster davon in einem Copyshop anfertigen ließ.

Bei „Essen auf Rädern" erzählte ich allen Damen, die es wissen wollten, dass ich so ein besonderes Poster besitze; und wenn sie es möchten, dann würde ich ihnen auch so ein Exemplar mitbringen. Viele Damen waren auf einmal gute Christinnen und natürlich wollten sie, dass auch ihnen ein solches Poster gehört.
Also ging ich fast wöchentlich in einen Copyshop und kopierte mein Christusbild viele Male. Bei der nächsten Tour nahm ich es mit mir und verschenkte es an die Damen.

Diese Praxis betrieb ich fast drei Monate lang, in der ich richtige Werbung für Christus machte. Ich kann nicht erklären warum, aber irgendwie hatte er davon Wind bekommen, denn er gewährte mir daraufhin eine besondere Vision.

Visionen stellen sich bei mir in den frühen Morgenstunden ein. Dabei handelt es sich nicht um lästige, verschwommene Träume, sondern sie beinhalten immer eine bestimmte Botschaft. So wie bei meinem letzten Abenteuer, wo mich Baba vor einer gefährlichen Frauengruppe warnte. Später hatte es sich dann bewahrheitet, dass er mit seiner Warnung Recht behalten sollte. Noch heute bin ich für diese Vision dankbar, da sie mein größter Schutz vor diesen Menschen war.

Nun die Vision mit Christus, die ich in der Dämmerung erfahren durfte, war von ganz anderer Art.
Ich wurde nicht gewarnt oder gelobt, es wurde auch nicht getanzt, sondern ich befand mich auf einer großen Wiese, wo die Sonne warm schien. Um mich herum war viel Lärm. Als ich mich genauer umsah, bemerkte ich, dass auf der Wiese tausende junge Menschen versammelt waren. Es sah so aus wie ein Openairkonzert. Es gab zwar keine Bühne, die ich hätte erkennen können, aber diese Menge junger Menschen, bekleidet mit Jeans und T-Shirts, standen herum und warteten scheinbar auf Musik.
Auch ich war da unterwegs. Ich schritt die Wiese auf und ab, trug einen langen, weiten Rock und eine weiße Bluse. Ich sah ein bisschen aus wie eine Braut und wartete mit den anderen. Aber auf was bloß?

Plötzlich fiel mein Blick auf einen jungen Mann, der mich beobachtete. Auch er hatte blaue Jeans und ein weißes Hemd an. Seine ziemlich langen dichten Haare fielen weich über seine Schultern. Er hatte eher dunkle Haut, ein wunderschönes Gesicht, sehr männliche Züge, extrem anziehende dunkle, große Augen.
Wir sahen uns gegenseitig an und ich ging auf ihn zu. Als ich bei ihm angekommen war, sprach ich ihn an und stellte fest: „Du bist ja der Christus!" Er sah auf mich runter und erwiderte meine Feststellung mit einem einfachen: „Ja." Dabei

lächelte er, musterte mich mit einem forschenden, fast stechenden Blick, der ihm scheinbar mein ganzes Wesen offenbarte.
Oh, war ich da hingerissen und zugleich voller Ehrfurcht. Da stand er riesengroß, mit sehr schönen Händen. Ich starrte ihn an wie es kleine Kinder tun, wenn sie das erste Mal einen Christbaum sehen. Er war einfach zu schön, ich wollte ihn auf keinen Fall nur für einen Moment aus den Augen lassen.
Die jungen Menschen um uns herum waren in den Hintergrund gerückt. Ich konnte sie überhaupt nicht mehr wahrnehmen. Plötzlich umgab uns Stille, wir waren allein.

Wisst ihr, meine Freunde, was mir damals durch den Kopf schoss? Es war das Wort „Großzügigkeit".
Dieser Prophet bestand vom Kopf bis Fuß aus Großzügigkeit, die ich noch nie bei einem anderen Menschen wahrnehmen konnte. Da gab es keine negative Wertung oder Verurteilung in seiner Ausstrahlung. Ich spürte, dass er jeden Menschen vollkommen annehmen würde können und das machte ihn unglaublich sympathisch. Er wirkte enorm herzlich, aber zugleich auch mächtig. Er war ein Mann, der ebenfalls wusste, was er wollte.

Ah, war das toll. Ich stand also vor Christus, von dem man so viel spricht. Seine Lebensgeschichte ist eine der berühmtesten Geschichten weltweit.

Wie wunderbar Glück verheißend und nun stand er einfach auf der Wiese. Da mir nichts anderes einfiel, fragte ich ihn, ob er denn mit mir zufrieden sei.
Christus nickte und schwieg. Ich spürte, dass er auf etwas wartete. Aber was war das bloß? Auf einmal kam in mir impulsiv der Drang hervor, ihn zu umarmen. Also fragte ich ihn, ob es für mich möglich wäre, ihn zu drücken. Da lächelte er und nickte. Was für ein wunderbares Lächeln, er mir in diesem Augenblick entgegenbrachte.

Ich machte also einen Schritt auf ihn zu und legte meine Arme unterhalb seiner Achseln auf seinen Rücken. Christus war ziemlich groß. Ich drehte meinen Kopf zur rechten Seite, sodass er auf seinem Brustbein ruhte. Mein Kopf befand sich also noch ganz schön weit unterhalb seiner breiten Schultern, so eine enorme Größe hatte er. Ich umarmte ihn ganz still und legte meine Handflächen auf seine Schulterblätter. Dabei hielt ich meinen Atem an, denn ich war enorm aufgeregt. Dann fuhr ich mit meinen Handinnenflächen langsam den gesamten Rücken hinunter.

Wau, war das ein toller Rücken, den ich da zu spüren bekam. Er fühlte sich fantastisch an! Ich muss schon sagen: „An alle Frauen dieser Welt! Hey Mädels, was für ein wunderbares Gefühl!" Christus war nämlich echt durchtrainiert, ich konnte jeden seiner Rückenmuskeln spüren. Wenn ich mich darauf konzentriere, ist es mir

noch heute möglich, das Gefühl nachzuempfinden, das seine Muskeln in meinen Handflächen hinterließen.
Noch nie habe ich einen so außergewöhnlichen Rücken berührt, wie den von Christus. Ich strich also ganz langsam den Rücken entlang, bis ich an der Taille ankam. Ja, sie war schlank und fest. Von da an berührte ich ihn nicht mehr weiter, aber alles was ich zu fühlen bekam, war super toll, ja eigentlich sehr männlich.

Natürlich dachte ich in diesem Augenblick nicht an die körperliche Anziehung, wo kämen wir denn da hin, aber ich wollte euch nur beschreiben, wie vollkommen er war und wie gut sich seine Umarmung anfühlte. Also Christus ist ein absolut traumhafter Typ, daran kann man ganz sicher nicht rütteln.

Nun aber zurück zu der Umarmung. Er erwiderte sie und so hielten wir gemeinsam inne. Es war himmlisch und in Worten kaum zu beschreiben, wie leicht und friedlich sich das anfühlte.

In diesem Moment passierte etwas mit mir. Seine Liebesenergie durchdrang mein ganzes Sein. Ich fühlte Liebe und dachte gar nichts mehr. Ich war selbst in meinem Sein angekommen und durfte einen Bruchteil von dem fühlen, was er immer in seiner Seele als Ganzes trägt. Was für ein Augenblick wurde mir hier beschert!

Nach diesen Gefühlswellen, die voller Liebe und Frieden waren, ließ ich ihn los. Christus hätte ganz sicher länger die Umarmung durchgehalten, ich jedoch war von dieser Stimmung überwältigt.

Ich löste mich also wieder von ihm, nachdem ich den gesamten Rücken gestreichelt hatte. Ich machte einen Schritt zurück und bedankte mich. Christus lächelte wieder und nickte leicht. Er wusste, dass ich von ihm vollkommen hingerissen war. Ich sah ihn stumm an und plötzlich war alles vorbei, denn ich erwachte in meinem Bett.

Himmel, war das toll! Ich rüttelte am Arm von Wolfgang, der natürlich wieder einmal nichts mitbekommen hatte. Ich erzählte ihm mein Erlebnis und schon sprang ich aus dem Bett. Ich hatte einen ganz normalen Tag vor mir. Meine Aufgabe war es, Vorlesungen zu besuchen und mein Studium voranzutreiben. Aber an diesem Tag war alles ganz anders!

Ich hatte das Gefühl, dass ich auf Zuckerwatte gehen würde. Egal wer mir mit unfreundlichen Worten begegnete, ich war in Hochstimmung. Ungeachtet, ob etwas nicht klappte oder mir die U-Bahn davon fuhr, ich schwebte auf rosaroten Wolken. Es war so ein herrliches leichtes Gefühl. Den ganzen Tag begleitete mich die Umarmung von Christus, als würde er die ganze Zeit an meiner Seite sein; diese Empfindung war einfach großartig und wollte nicht enden.

Meine Freunde, er ist eben ein besonderer Prophet. Er kann so ein wunderbares Gefühl vermitteln, so dass wir bei allen Hindernissen, die uns das Leben beschert, glücklich und zufrieden bleiben können. Nichts berührt uns, wir sind einfach happy, egal was geschieht, wir bleiben von Unannehmlichkeiten unberührt.

Diese beschwingte, leichte Empfindung blieb bis zum Einschlafen. Am nächsten Tag stellte sich wieder ein normales Lebensgefühl ein. Mir wurde wieder bewusst, dass das Leben auch manchmal Schimmelkäse sein kann und natürlich seine Herausforderungen in sich birgt.

Jedoch hat sich seit damals eine Sache verändert oder man kann auch sagen verbessert. Ich hatte von da an immer enorme Glücksgefühle, wenn ich in der heiligen Messe die gesegnete Hostie bekam. Dann spürte ich jedes Mal von neuem diese Liebesenergie, die ich von Christus her kannte. Sie war sehr intensiv und meistens konnte ich meine Emotionen nicht zurückhalten. Bis heute ist das so geblieben, obwohl dieses Erlebnis schon Jahre her ist. Daher ist mir bewusst, diese Art Geschenke vergehen nicht, sie sind etwas Besonderes und haben Bestand.

Die Visionen

Warum bekomme ich eigentlich Visionen geschenkt? Ich muss zugeben, ich weiß es nicht. Viele meiner Mitmenschen sind mit solchen Erfahrungen noch nie gesegnet worden, bei mir jedoch ergeben sie sich in einer Art und Weise, als wären sie etwas Natürliches. Ich kann es mir selbst nicht erklären, warum sie sich ausgerechnet bei mir einstellen, denn an und für sich ist an mir nichts Besonderes dran; außer vielleicht dieser kleine Unterschied.

Ich mag nämlich Gott. Ja, ich finde ihn super cool. Die Art und Weise wie er dieses Universum aufgebaut hat, katapultiert mich in einen Zustand des Staunens.
Leider verstehe ich nichts davon, denn wenn in Dokumentationen Astrophysiker mit ihren Erläuterungen die Menschen in ihren Bann ziehen, klingelt automatisch in meinem Kopf ein „Halleluja", da ich mit den Ausführungen der Profis nicht annähernd mithalten kann.
Aber eines bleibt mir meistens bei diesen Sendungen im Gedächtnis. Es handelt sich immer um gigantische Ausmaße von Raum und Zeit, enorme Hitze und Kälte, Helligkeit und Schnelligkeit kommen da zur Sprache. Diese Erklärungen versetzen mich ausnahmslos in eine Pose der

Fassungslosigkeit, da ich mitten in diesem Universum lebe, auf einem Planeten herumlaufe, der immer in seiner Umlaufbahn verbleibt, niemals nur für einen Zentimeter abweicht, geschweige denn auf Urlaub geht und das sich Drehen einstellt.
Was für ein Wunder! Ja, dieser Gott ist ein Spitzenmathematiker und eigentlich auch der Regisseur dieses Universums. Ich gestehe, ich finde ihn Klasse und daher denke ich viel an ihn.

Nun die Gedanken an ihn, könnten der Grund für meine Visionen sein, denn er ist der Schlauste und schließlich beobachtet er alles, was ich denke und tue.
Vielleicht verhält es sich so wie der Heilige Ramakrishna es einmal einem seiner Schüler erläuterte, der von ihm gefragt wurde: „Swami, warum machen die Menschen keine Erfahrungen mit Gott während ihres Lebens?"

Während diese beiden Männer in den Straßen von Kalkutta unterwegs waren, zeigte Ramakrishna auf eine Frau und erwiderte: „Schau, diese Frau; erst vor zwei Monaten hat sie ihren Mann begraben, sie war voller Trauer, aber schon heute schmückt sie wieder ihr Haar; sie erhofft sich daraus, wieder einen Mann für sich begeistern zu können; obwohl sie durch die Bindung an ihrem verstorbenen Mann, die Vergänglichkeit einer Liebesbeziehung erleiden musste, möchte sie sich doch nur wieder von neuem vermählen."

Ramakrishna schwieg und betrachtete die Bäume, die etwas abseits einen Weg zäumten. Eine Kuh ruhte im Schutz des Schattens und begnügte sich damit, dürres Gras zu fressen.

Der Schüler verstand und während er über die Vergänglichkeit der menschlichen Beziehungen nachdachte, erreichten sie die nächste Straße. Die Sonne schien heiß, eng gedrängt versuchten die Rikschas auf der zu engen Straße voranzukommen, als Ramakrishna plötzlich innehielt. Er deutete auf ein schmutziges Zelt, in dem eine Familie gedrängt lebte.

„Sie nur", sagte der Swami, „jedes Jahr bekommt diese Frau ein weiteres Kind, obwohl sich der Vater das Schulgeld schon längst nicht mehr für die bisher geborenen Kinder leisten kann. Trotzdem setzen sie weiterhin Kinder in die Welt, obgleich sie ihnen nichts bieten können, als den schmutzigen Boden, auf dem sie geboren werden. Sie bekommen die Kinder um ihrer selbst willen, die Kinder sind ihnen gar nicht so wichtig, denn sie wollen sich im Alter versorgt wissen und zusätzlich gelingt es ihnen nicht, auf ihre sexuellen Begierden zu verzichten und Enthaltsamkeit zu üben."

Der Schüler erkannte die Not dieser Familie und zugleich war er voller Betroffenheit, denn er sah drei Kinder spärlich bekleidet vor dem Zelt im Staub und Schmutz sitzen. Da wandte sich Ramakrishna ihm direkt zu und sagte:

„Mein Freund, die Menschen sind wie kleine Kinder. Sie sitzen auf einem Teppich und spielen ein Spiel. Es ist das Spiel des Lebens, mit allen materiellen Wünschen und Begierden, die du dir nur vorstellen kannst. Solange sie spielen und nicht nach dem göttlichen Vater rufen, wird er auch nicht kommen, denn er möchte ihr Spiel nicht stören, er wäre ja auch gar nicht erwünscht. Erst wenn ein Menschenkind erwacht und die Vergänglichkeit der Dinge durchschaut, erkennt es, dass ein Kieselstein und ein Goldklumpen nichts anderes sind als Materie. Dann erkennt es, dass eine Perle, eigentlich nichts Außergewöhnliches ist. Sie wird von einer Muschel hervorgebracht, die ein Sandkorn immer wieder mit einem Sekret umschließt, das am Ende aushärtet und schlussendlich als Perle bezeichnet wird. Es kommt der Tag, an dem sich das Menschenkind nicht mehr für irgendwelche vergängliche Perlen interessiert, obwohl sie in dieser Welt wertvoll gelten, sondern der Mensch zeigt nur mehr Vorliebe und Interesse für den göttlichen Vater, für den Schöpfer, der diesem Tier diese Vorgehensweise überhaupt erst eingab, um eine Perle entstehen zu lassen."

Ramakrishna setzte sich auf eine Bank und richtete seinen Blick auf die geschäftige Straße.

Mit einer einladenden Handbewegung deutete er seinem Schüler, neben ihn Platz zu nehmen und fuhr mit seinen Erklärungen fort: „Das Menschenkind durchschaut immer besser das Spiel des Lebens und begreift, dass Kleidung nur dazu dient den Körper zu bedecken und zu wärmen, anstatt Macht oder Prestige zu repräsentieren. Dann erwacht dieser Mensch endgültig und stellt fest, dass er genug gespielt hat, ausreichend ausprobiert, manches gekostet und vieles besessen, jedoch dann wiederum verloren hat. Das Spiel der Vergänglichkeit und Bindungen, des Materialismus und des Besitzes, des Ruhmes und des Ansehens interessieren ihn plötzlich nicht mehr. Endlich beginnt unser Menschenkind, nach seinem echten Vater zu rufen, ja nach ihm zu weinen, denn es wurde dem weltlichen Spiel vollkommen überdrüssig."

Der Schüler beobachtet den Swami und fragte spontan: „Ramakrishna, hast du dieses Lebensspiel der Vergänglichkeit vollkommen durchschaut?"

„Weißt du", entgegnete Ramakrishna, „Gott ist voller Mitgefühl; er würde zu seinem Kind eilen und es von all diesen vergänglichen Spielereien fortholen. Nie mehr wieder müsste so eine Seele leiden, denn sie hat keine Wünsche an die Welt mehr offen. Nun ja, zurück zu deiner Frage, mein Freund! Ja, ich habe das Lebensspiel durchschaut, eigene Erfahrungen mit Gott gemacht, der für mich mein größter Schatz wurde. Die meisten Menschen jedoch können keine eigenen Erfahrungen mit dem göttlichen Schöpfer sammeln, weil sie ihn schlichtweg auch nicht wollen. Sie rufen ihn nicht und sie lieben ihn nicht, sie sind nur am weltlichen Spiel der Vergänglichkeit am Glitzer und Prunk interessiert."

Da verstand der Schüler, schwieg und senkte betrübt seinen Blick und fragte: „Aber Swami, gibt es nichts zu tun? Können wir diese Menschen nicht erwecken? Können wir sie nicht auf das Wesentliche aufmerksam machen?" Ramakrishna berührte sanft die Schulter seines Schülers und entgegnete: „Nein, mein Freund, wir können nichts tun, denn das Spiel auf dem Teppich ist freiwillig und die Menschen können es so lange spielen, bis sie davon gelangweilt sind. Dann erst werden sie von sich aus ihren göttlichen Vater herbeirufen, ihr Leben ausschließlich guten Handlungen widmen, ihre Familien und Mitmenschen selbstlos versorgen und schlussendlich Befreiung erlangen."

Nun, wie ist das bei mir? Ich sitze auf dem Teppich, spiele, erwache und beginne nach dem Vater zu rufen. Es ist mir klar geworden, bei diesem Lebensspiel stimmt etwas nicht. Alles um mich herum ist vergänglich, nur geliehen für eine kurze Zeit, bis mein eigenes Herz zu schlagen aufhört. Ich gehe mit leeren Händen, nichts ist mein.

So, meine Freunde, was kann ich sonst tun, als den Vater rufen. Wenn ich es tue, jammere ich ihm die Ohren voll, wie schmerzhaft doch dieses Spiel ist.

Dann sagt er zu mir: „Penelope, du kannst jederzeit die Anhaftungen aufgeben, die Dinge zwar benützen, aber ohne dem Gefühl sie wirklich zu besitzen. Jederzeit kannst du frei sein! Aber mein Kind, willst du überhaupt diese Freiheit oder möchtest du doch noch ein bisschen weiter spielen und nach vielem Greifen?"

Die aufgehenden Sonnen

Mitten in meinem Studium bekam ich wieder einmal Sehnsucht nach einer sinnvollen Beschäftigung. Ich wollte endlich einen Job finden, in dem ich soziale Arbeit leisten könnte. Dazu kam noch, dass ich für mein Studium gewisse Praxisstunden zu erbringen hatte, am besten mit Kindern und Jugendlichen.

Aus diesem Grund suchte ich Stellenangebote im Internet und in der Zeitung. Durch Zufall stieß ich auf eine Organisation, die Streetwork leistete und sich mit Jugendlichen befasste. „Großartig", dachte ich mir, „da sollte ich anheuern!" Ich rief an und vereinbarte einen Vorstellungstermin. Mein Angebot bestand darin, gratis mitzuarbeiten, denn ich wollte unbedingt Erfahrungen im Umgang mit mittelgroßen Mädels und Jungs machen und da könnte man mir doch ganz sicher nicht absagen.

So weit so gut. Leger gekleidet mit einer Jean und einem knallroten Walkjanker machte ich mich also zuversichtlich auf den Weg.
Nun, meine Freunde, wie konnte es anders sein. Zuerst verspätete ich mich, weil ich die Eingangstür nicht fand und aufgrund dieses Umstands, das Gebäude dreimal umkreiste. Als ich dann endlich im Lift stand, hoffte ich auf das

Beste. Man öffnete mir die Tür und ich trat ein. Zwei junge Sozialpädagoginnen und ein Leiter setzten sich mit mir zusammen. Wir saßen auf zwei Couchen, wobei mir die gepiercte junge Frau sympathischer war, als die eher unterkühlte Kollegin, die ihre Füße in Straßenschuhen auf die Sitzcouch legte. Sie war ein Haifisch, das sah ich sofort. Mit misstrauischen Augen beäugte sie mich und ich wusste, ich kam ihr mit meiner Schriftsprache und dem Walkjanker äußerst ungelegen.

Wie auch immer, ich wollte einfach cool sein und so plauderte ich frisch drauf los. Als man mir die Frage stellte, warum ich mich eigentlich mit Jugendlichen befassen möchte, wusste ich nicht so recht, was ich sagen sollte. „Warum sollte ich mich für diese jüngeren Menschen nicht interessieren?", fragte ich mich. „Schließlich würde ich doch Pädagogik studieren. Was für eine komische Frage!"
Nun ja, ich dachte mir einfach eine gute Antwort aus und die lautete folgendermaßen: „Ich möchte gerne mit Jugendlichen arbeiten, weil ich glaube, dass sie die aufgehenden Sonnen in der Gesellschaft sind, wohingegen wir Erwachsene, als untergehende Sonnen nicht mehr über genügend Strahlkraft, äääh ja Leistungsfähigkeit verfügen."

Haha, was kann ich dazu anmerken. Die drei Sozialpädagogen guckten mich erstaunt an, vielleicht auch ein bisschen verdattert. Der unsympathische Haifisch hatte sich eine Zigarette angezündet und starrte mich vor allem mit einem verächtlichen Blick an, der zusätzlich von einem leichten Kopfschütteln begleitet wurde.

Schnell versuchte ich noch den Satz auszubessern, indem ich japste: „Damit meine ich, dass doch in den Kindern und Jugendlichen die Zukunft unseres Landes liegen würde." Na ja, dieser abgedroschene Wahlkampfsatz konnte nicht mehr viel retten, denn zu außergewöhnlich waren meine Ausführungen zu den aufgehenden und untergehenden Sonnen. Ich glaube, diese lieben Leute hatten so eine Antwort noch nie in ihrem Leben gehört.

Kurzum, ich möchte gar nicht so um den heißen Brei reden, es hat nicht geklappt. Die wollten mich nicht einmal gratis haben, was mich schon ein bisschen enttäuschte. Jetzt im Nachhinein glaube ich, es wäre besser gewesen, eine Zigarette mit dem Haifisch zu rauchen, anstatt auf ordentliche Walkjankerträgerin zu machen, die über Sonnen referiert. Aber es war zu spät.

Was soll's, das Leben musste weiter gehen. Ich wollte zufrieden sein und so sagte ich zu meinen besten Freund: „Wenn es mein Schicksal ist, dann arbeite ich eben mein ganzes Leben lang bei Essen auf Rädern." Ich jammerte zwar immer ein bisschen dabei, denn wie gesagt, die kleinen

Menschen hatten es mir schon angetan, aber ich musste mich in Geduld üben.

Eines Tages geschah es aber, dass ich in einer Zeitung ein Stellenangebot für die Mitarbeit in einem Internat fand. Es war zwar schon ein älteres Inserat, jedoch sagte mir meine innere Stimme, dass ich mich bewerben sollte. Nun gut, das tat ich auch. Ich rief an, bekam einen Termin und einen Tag später hatte ich mein Aufnahmegespräch. Ich betrat den Hort, dessen Eingang üppig und kinderfreundlich geschmückt war.
Da saß ich also vor einem leicht ergrauten, aber trotzdem immer noch jugendlich wirkenden Psychologen. Mir fiel auf, dass seine Mitarbeiterinnen schöne blaue und grüne Augen hatten, die aufgrund deren Schminke besonders gut zur Geltung kamen. Daher kam mir der Gedanke, dass dieser Mann, Frauen mit schönen Augen für sinnvoll hält und ich mir vielleicht besser meine Augen schminken hätte sollen, die zwar nur blaugräulich sind, aber ist doch egal, Hauptsache mit Farbe versehen.

Wie auch immer, trotz ungeschminkter Augen war ich diesmal besser vorbereitet. Ich sprach nämlich nicht von aufgehenden Sonnen, sondern ich gab ganz brav bodenständige Antworten. Dieses Gespräch lief ohne Komplikationen und zum Glück bekam ich eine Zusage.

Hurra, ich hatte endlich einen sozialen Job mit Kindern und Jugendlichen zugesagt bekommen, konnte daneben mein Studium abschließen und durfte mit einer Menge unterschiedlicher Menschen meine Erfahrungen machen. Dafür war ich dankbar und auch erleichtert, denn endlich hatte ich meinen beruflichen Platz gefunden.

Die Reise

Nun suchte ich aber immer noch ein bisschen das Abenteuer und gute Taten wollte ich auch noch vollbringen. Durch Freunde erfuhr ich, dass es möglich war, Waisenhäuser in Russland zu unterstützen. Unter diesen Bekannten war auch Dr. Andersen aus Dänemark, der immer wieder nach Russland reiste. Als älterer in sich ruhender Herr hielt er dort Ansprachen über menschliche Werte, die von interessierten Einheimischen besucht wurden.
Diese Russen waren sehr gute Menschen, denn sie unterstützen Waisenhäuser, obwohl sie selbst gar nicht so ein einfaches Leben hatten. Nun hatte ich die glänzende Idee, selbst nach Russland zu reisen, um bei dieser Unterstützung live dabei zu sein.
Was ich aber dabei unterschätzte, war der enorme Aufwand überhaupt ein Visum zu bekommen. So suchte ich im Februar fieberhaft alle meine Unterlagen, Passfotos und ausgefüllten Formulare zusammen, um sie abzuschicken. Endlich war es so weit, ich erhielt die Einreiseerlaubnis und wie immer war ich davon überzeugt, alles im Griff zu haben. Wir hatten April und der Tag der Abreise war gekommen. Wolfgang brachte mich zum Flughafen, wir verabschiedeten uns und ich ging durch die Zollschran-

ken. Noch einmal winken und vorbei war es. Von da an war ich auf mich selber gestellt und da passierte folgendes Hoppla.

Ich machte mich sofort auf zu meinem Gate. Warum auch nicht? Dann sitze ich gleich mal vor dem richtigen Ausgang. Ich ging also zum Gate, ließ mein Handgebäck auf Waffen hin durchleuchten und schon saß ich auf einer Sitzbank. Die Menschen um mich herum sprachen, so meinte ich, Russisch und natürlich konnte ich kein Wort verstehen.
Aber irgendetwas störte mich, also stand ich auf und ging direkt auf den Ausgang des Gates zu. Da blickte ich auf die elektronische Tafel und erstarrte, denn da stand nicht in Leuchtschrift St. Petersburg, das mein Bestimmungsziel war, sondern Kiev.
Fassungslos klopfte ich mir auf die Stirn und dachte: „Oh Gott, Ukraine! Ich will doch nicht nach Kiev. Was ist mir da schon wieder passiert!" Gleich daneben, mit einer Glaswand abgetrennt, befand sich das richtige Gate nach St. Petersburg. Nur leider waren dort keine Reisegäste mehr anwesend, denn die waren schon längst im Flugzeug.
Beim Anblick des leeren Raumes erhöhte sich mein Puls; ich konnte meinen Herzschlag im Hals spüren und jetzt bekam ich so richtig Panik. Ich packte meinen Rucksack und versuchte so schnell wie möglich, das Gate zu wechseln, lief

zum Ausgang und versuchte natürlich, mich durch den Schranken zu mogeln.

Da hielt mich eine nicht allzu nette Sicherheitszollbeamtin zurück. „Wo wollen Sie denn hin?", raunzte diese Beamtin.
Ich stammelte etwas von Russland und St. Petersburg. Auf einmal rief diese eher maskuline und nicht sehr sympathische Dame: „Da ist schon wieder Eine, die nicht weiß, wo das richtige Gate ist; gibt es denn so was!"
Alle Menschen um mich herum konnten diese Zwischeneinlage hören. Nun, was geschah als Nächstes? Ich wurde wieder einmal angeglotzt. Es war echt peinlich und ich fühlte mich gar nicht verstanden in meinem Sosein.

Und da machte es „klick" in meinem Kopf, denn ich sah keinen anderen Ausweg mehr, als das richtige Gate zu stürmen.
Ja, Taten mussten jetzt gesetzt werden. Ich musste doch den richtigen Ausgang erreichen, schließlich sollte ich doch nicht meinen Flug versäumen.
Also bohrte ich meine Fersen in den Boden und setzte zum Sprung an, denn ich wollte so richtig davonrauschen, als mir jedoch diese bullige rohe Dame den Weg versperrte. „Na, so geht das aber nicht!", dröhnte sie, „geben Sie den Rucksack her, der muss noch einmal durchleuchtet werden!" Himmel war diese Stimme laut, sodass es wieder einmal alle vernehmen konnten. Ich japste voller

Ungeduld: „Ich habe eh' keine Waffen; lassen Sie mich, ich muss den Flieger erreichen!" „Nix da, her mit dem Rucksack!", unterbrach mich forsch diese korpulente Dame. Voller Ungeduld übergab ich meinen Rucksack. Er wurde auf das Rollband gelegt.
Leicht quietschend und es schien mir wie in Zeitlupe, bewegte sich mein Handgepäck durch die Röhre. Ich war fassungslos bei dem Anblick, wie langsam diese Sicherheitsvorkehrung vor sich ging.
Als ich endlich meinen Rucksack ausgehändigt bekam, drehte ich mich auf einem Absatz um, denn endlich konnte ich so richtig loslegen. Fast wäre ich gegen die Glastüre gedonnert, schaffte es aber gerade noch im letzten Augenblick die Türe zu öffnen, um durchzugaloppieren.
Jetzt, meine Freunde, wurde es so richtig dramatisch, denn ich verwandelte mich in ein richtig vergnügtes Kalb. Ich hopste durch den Raum, das Ticket über meinen Kopf schwenkend rief ich zu der attraktiven Stewardess, die am Ende des Raumes stand: „Warten Sie auf mich, nicht ohne mich abfliegen, b i t t e !"

Dabei holte ich mit meinen Beinen so richtig aus. Der Rucksack hing an meiner rechten Schulter. Er war zu schwer und so lief ich nicht gerade, wie es die Menschheit normalerweise seit ihrer frühen Neandertalerentwicklung praktiziert, sondern ich schwankte mit meinen üppigen Hüften hin und her. Also kurz gesagt, ich brauchte beim Laufen

ziemlich viel Platz. Meine Jacke, die ich um meine Hüfte gebunden hatte, rutschte immer tiefer. Sie hatte schon fast meine Knie erreicht, als ich noch im letzten Augenblick versuchte sie zu halten. Dabei stolperte ich über die Ärmel und verfing mich so derartig, dass es fast für einen Bauchfleck gereicht hätte.
Ich weiß nicht, wie ich es zustande gebracht hatte, aber ich erreichte mit knallrotem Gesicht den Ausgang und hielt der eher überraschten, schon leicht steif gewordenen Stewardess mein Ticket entgegen. Eigenartigerweise verriet mir ihr Blick, dass ich nicht zu den durchschnittlichen Fluggästen gehören würde. Nein, ich glaube, für sie war ich eine außergewöhnliche Erscheinung.

Als ich endlich den Gang in Richtung Flugzeug entlang lief, ja da war ich erleichtert. „Juchhe, keiner würde merken, was ich mir schon wieder geleistet hatte, keiner würde es erfahren", blubberte es durch meinen Kopf.

Das Flugzeug war in Sichtweite. Ich betrat es. Alle Passagiere, die schon längst in ihren Sitzen saßen, glotzten mich an, ja wie konnte es anders sein. Sie wussten, dass ich diejenige war, auf die sie die ganze Zeit gewartet hatten. Ernste Gesichter betrachteten mich und musterten meine Figur von oben bis unten. Ich beeilte mich, so schnell wie möglich, meinen Sitzplatz zu finden. Verdächtig hoch war meine Sitznummer und so musste ich das gesamte Flugzeug bis zum Ende durchqueren. Natürlich vor den Toiletten war endlich mein Platz. Ich sank in den Sitz und war glücklich, mich im richtigen Flugzeug zu befinden.

Die Maschine hob ab und mir wurde wieder einmal bewusst, dass ich ja das Fliegen gar nicht vertrage. Meine Gesichtsfarbe wechselte wie immer zu einem leicht grünen Teint. Das Lächeln verging mir, auch wenn die Stewardess noch so nett und süß war.
Ich konnte nichts dafür, aber meine Mundwinkel zogen sich dann nach unten, und ich ähnelte mit meinem Gesamteindruck mehr einem Marsweibchen als einem Homo sapiens. Mit leicht verzogener Nase versuchte ich mich dann zu retten, indem ich so viel wie möglich Luft einzusaugen begann, um meiner Übelkeit nicht nachzugeben. Natürlich machte ich da ein aufdringliches Geräusch, aber besser noch, als sich vom Frühstück zu verabschieden.

Nun ja, dann kam das Essen. Ja, das Essen beim Fliegen; was kann ich dazu sagen. Ich vertrage diese Kochkünste nicht und nach den ersten paar Bissen war es nicht mehr zu leugnen, dass sich ein außerirdisches Weibchen an Bord befand. Wie auch immer, ich musste ziemlich furchtbar ausgesehen haben, denn die Russen, die sich bei der Toilette anstellten, guckten mich die ganze Zeit an.
Ein bisschen unangenehm war mir das schon. Wahrscheinlich haben sie noch nie so etwas

Schmuckloses gesehen. Mir war das egal, ich musste diesen Flug überstehen. So fuhr ich fort, mir die Luft durch die Nase zu ziehen. Dabei streckte ich meinen Körper Richtung Kabinendecke, denn da waren drei Düsen, die mir den Sauerstoff zuführten. Zum Glück hatte ich zwei Sitze für mich allein und so konnte ich mich gut ausbreiten. So hing ich also im Luftstrahl und die Russen hatten etwas zum Gaffen.

In Russland angekommen, wurde ich abgeholt und außerhalb von St. Petersburg in einem kleinen Hotel untergebracht. Umgeben von einigen Plattenbauten spazierte ich in diesem Wohnort herum, der mich zugleich auch betroffen machte.
Ich betrat eines dieser Wohnhäuser. Der Stiegenaufgang bestand nur aus dunklem Beton. Das Geländer, verrostet und schäbig, wirkte wie ein Gerippe. An der Decke hing eine Glühlampe, die nur düsteres Licht zu verbreiten vermochte. Als Haustüren dienten Bretter mit einem Vorhängeschloss. Ich war entsetzt über die Wohnverhältnisse und malte mir aus, wie sich so ein russischer Winter wohl anfühlen würde, vor allem in schlecht geheizten Wohnungen.
Eine unendliche Dankbarkeit machte sich in meinem Herzen breit, dass ich in Österreich geboren worden war.

Zurück in meinem Hotel traf ich auf meine Freunde und Dr. Andersen. Es wurde Abend und gemeinsam aßen wir im Restaurant des Hotels. Ich muss zugeben, meine Stimmung war dann schon ein bisschen gedämpft, denn ich war mir nicht mehr sicher, warum ich überhaupt diese Reise angetreten hatte.

Am nächsten Tag wurden wir von Sergei abgeholt. Wir fuhren in ein ehemaliges russisches Ferienlager für Kinder. Es war eingezäunt und umgeben von hohen Tannenbäumen. Das Lager bestand aus fünf Baracken, in denen sich Klassenräume und Seminarräume befanden. Die Gebäude befanden sich alle in einem baufälligen Zustand. Mäßig geheizt, waren sie feucht und die sanitären Anlagen konnten nicht annähernd mit den westlichen verglichen werden. Der Park dieser Anlage hatte schon seit langem keinen Gärtner mehr zu Gast, er wirkte verwildert und ungepflegt. Die Sitzbänke und die Parkbeleuchtung waren ausnahmslos beschädigt und verrostet. Es regnete und war kalt. Obwohl es April war, hatte ich nicht das Gefühl, dass der Frühling so bald Einzug halten würde.

Ich betrat den kleinen Seminarraum und konnte beobachten, dass sich die russischen Besucher überaus freuten. In den nächsten Tagen würden hier in diesem Camp Vorträge über menschliche Werte und rechtes Handeln stattfinden. In einem kleinen Hörsaal nahmen wir Platz und Dr. Andersen hielt seine Ansprache auf Englisch. Ein freundlicher aufgeweckter Russe übersetzte die

Rede auf Russisch. Alle Anwesenden waren glücklich. Jeder freute sich auf diese Seminare und die bevorstehenden Tage.

Die einzige, die da vollkommen daneben war, war ich. Ich hatte furchtbares Heimweh. Ich konnte es nicht fassen, aber ich hatte den Wunsch, unbedingt nach Hause zu fahren. Es war schrecklich und ich kämpfte mit den Tränen. Plötzlich wurde mein Name genannt und ich wurde der russischen Gruppe vorgestellt.
Also stand ich auf und verbeugte mich leicht. Tränen standen mir in den Augen, die ich vor den anwesenden Gästen versuchte zu verbergen. Insgeheim fragte ich mich: „Was wollte ich hier bloß?" Meine Stimmung war bedrückt, ich war an einem Tiefpunkt angelangt, und es begann wieder zu regnen.

Ich wollte nicht, dass irgendjemand meine Emotionen bemerkte. Es wäre mir unangenehm gewesen, wenn meine Freunde bemerkt hätten, dass ich mich wie ein Schulkind verhielt. Also betete ich zu Gott: „Hilf mir, mache meine Traurigkeit weg!" Aber es klappte nicht. Ich konnte mich vor meiner peinlichen Traurigkeit überhaupt nicht retten. Ich hatte meine Gedanken nicht im Griff und so war ich kurz vorm Loslassen. Gleich wären mir meine Tränen über die Wangen geronnen, als plötzlich zum Glück eine Pause von einer halben Stunde vorgeschlagen wurde. Die Gruppe löste sich langsam auf und ein sehr großer Mann mit weißen kurzen Haaren stand lächelnd unerwartet vor mir. Er setzte sich neben mich und stellte sich vor. Sein Name war Alexander. Er war bereits mittleren Alters, hatte eine erwachsene Tochter und sprach mich auf Englisch an. Die ganze Zeit erzählte er mir von seiner Familie und fragte mich wie es mir bei Baba in Indien gefallen hätte. Auch er wäre schon in Indien gewesen und so begann er zu erzählen. Da wir eine Pause hatten, bevor es mit der Einführung weiterging, schlug mir Alexander einen Spaziergang vor. Ich fand diese Idee gut. Wir verließen den engen Raum, schlenderten durch den Park und meine Traurigkeit verflog, denn Alexander verstand es, mich abzulenken.

Von da an holte mich meine Sentimentalität nicht mehr ein. Ich war für drei Tage in diesem Camp stationiert und hin und wieder hatten wir sogar das Glück, die Sonne zu Gesicht zu bekommen. Ich schlenderte zwischen den einzelnen Gebäuden im Camp herum, besuchte die Vorlesungen, die ich natürlich nicht verstand, denen ich jedoch beiwohnen wollte.

Während meines Aufenthalts war es mir leider nicht möglich, die Waisenhäuser zu besuchen, denn diese waren bis zu 200 Kilometer von unserem Camp entfernt. Meine russischen Freunde wollten mir dennoch entgegenkommen und so entschlossen sie sich, mir ein bisschen ihre Kultur näher zu bringen. Am vorletzten Tag packte mich Sergei in sein Auto und fuhr mit mir zu einer bekannten und gut besuchten kleinen russischen Kirche.

Ich war beeindruckt als ich sie betrat. Sofort wurde mir ein Tuch gereicht, das ich um meinen Kopf band. Für Frauen gab es die Pflicht, den Kopf zu bedecken. Die gesamte Kirche war aus Holz gebaut, die aufwendige Schnitzereien aufwies. Hinter dem Altar zierten Ikonenbilder die gesamte Wand bis hinunter zum Boden. Viele Frauen befanden sich in der Kirche, sie trugen alle Kerzen. Die Stimmung war friedlich, niemand sprach ein Wort und so beteten die Menschen still vor sich hin. In diesem Augenblick war ich Sergei dankbar, dass er diesen Aufwand betrieb, mir eine russisch orthodoxe Kirche zu zeigen. Dieser kleine Ausflug hatte mir gut getan.

Dann ging es wieder zurück zu unserem Lager. Die Zeit verging jetzt sehr schnell und so war der letzte Tag angebrochen. Erst am Abend hatte ich meinen Flug nach Wien und so durfte ich am letzten Vormittag, als schon fast alle Vorträge erledigt waren, Zeuge einer ganz außergewöhnlichen Szene werden.

In diesem Lager befand sich auch eine Kantine. Sie war der wärmste Raum, in dem ein Tisch für meine Freunde und mich immer bereitgestellt war. Dort traf ich in den Pausen täglich Dr. Andersen. Er war Däne und ein Mann der Wirtschaft. Sein ganzes Leben lang arbeitete er für Unternehmen. Als Manager verstand er sich

somit auf Umsatzzahlen. Im Laufe seines Lebens machte er jedoch eine Wandlung durch, denn der Glaube und die Spiritualität hatten es ihm angetan. So reiste auch er mehrmals nach Indien und konnte auf viele beeindruckende Erfahrungen zurückgreifen.
Dr. Andersen war am Ende seines Lebens angekommen, da er bereits schwer an Krebs erkrankt war. Noch vor der Reise nach Russland musste er sich einer langwierigen Operation am Darm unterziehen. Er wusste, dass er zu sterben hatte, denn mit seinen zweiundachtzig Jahren rechnete er sicherlich nicht mehr mit allzu vielen Lebensjahren. Trotz seiner Erkrankung besaß jedoch dieser Mann einen besonderen Umgang mit seinen Mitmenschen, die ihn von der Masse anderer Menschen erheblich unterschied und den möchte ich erzählen.

Als ich Dr. Andersen gegenüber saß, bemerkte ich, wie müde er war. In den letzten Jahren war er besonders gealtert und seine schwere Erkrankung war ihm anzusehen. Trotz allem ging ein Friede, ja ein Ausdruck von Gelassenheit von seinem Gesicht aus. Ich mochte es, ihn anzusehen, denn trotz seines Alters war er schön. Die Jahre zuvor, in denen ich ihn immer wieder in Seminaren getroffen und gehört hatte, konnte ich auch beobachten, dass er niemals ein schlechtes Wort über andere Menschen sagte. Immer wieder beeindruckten mich seine ruhige, gelassene Art und die Großzügigkeit, die er seinen Mitmenschen entgegenbrachte. Jeder Mensch war ihm recht. Niemals missachtete er jemanden, sondern er versuchte stets zu verstehen, anstatt selbst verstanden zu werden. Eine enorme Größe ging von diesem Mann aus und ich liebte es, in seiner Gegenwart zu sein; ja, er war für mich ein Sir, eben ein richtiger Gentleman.

Am letzten Tag brachte Anna, eine junge Russin, ihm eine Tasse Kaffee. Sie war bekleidet mit einer blauen Jean und einem weißen Pullover. Lange blonde Locken umrahmten ihr freundliches, weiches Gesicht und ich konnte feststellen, dass Anna äußerst attraktiv war. Ihr Blick war offen und ich konnte beobachten, wie sehr sie sich freute, Dr. Andersen zu sehen. Sie bemühte sich, langsam zu gehen. Den Kaffee, in der ohnehin zu kleinen Tasse, wollte sie nicht verschütten.
Als sie die Tasse vor Dr. Andersen hinstellte, drehte er seinen Körper langsam zu Anna. Er begann zu lächeln, dabei strahlte sein Gesicht Dankbarkeit aus. In einem sehr weichen und herzlichen Ton sagte Dr. Andersen auf Englisch: „Thank you my dear, that you bring me this nice coffee." Anna nickte, lächelte und flüsterte: „You are welcome, Thomas." Bis dahin konnte ich wahrnehmen, dass die Kommunikation zwischen Dr. Andersen und Anna in einem üblichen Rahmen stattgefunden hatte. Dr. Andersen bedankte sich mit dem Satz, „danke, mein Liebling, dass du mir diesen wunderbaren Kaffee

bringst" und Anna wiederum erwiderte frisch: „Gern geschehen, Thomas."

Trotz allem war mir sofort klar, dass hier etwas besonders stattgefunden hatte. Ich beobachtete diese Szene weiter und da geschah es. Anna hielt inne. Das hübsche Mädchen begann zu zittern. Sie blieb hinter Dr. Andersen stehen, wechselte von einem Bein zum anderen. Tränen füllten ihre Augen. Plötzlich flüsterte sie: „Thomas, I love you." Es ging nicht mehr anders. Sie brach in Tränen aus, als sie ihm ihre Liebe gestand. Dr. Andersen drehte sich zu Anna vollständig um. Er nahm ihre Hand und küsste sie. Dabei sprach er die Worte: „I love you, too." Er versuchte Anna zu beruhigen, die vollkommen ihre Fassung verloren hatte, nachdem auch er mit Liebe auf sie reagiert hatte.

Meine Freunde, ich war beeindruckt. Die Art und Weise wie Dr. Andersen mit Anna umging, ihr seine Herzlichkeit entgegenbrachte, hatte ich mein ganzes Leben noch nie bei einem westlichen Menschen beobachten können. Zugegeben, natürlich hatte Baba in Indien eine enorme Ausstrahlung, die mich jedes Mal den Atem anhalten lies. Das steht für mich außer Frage.

Aber noch nie zuvor konnte ich solche Herzenswärme bei einem Menschen beobachten, der in ein ganz normales weltliches Leben eingebunden war, so wie ich es auch bin.

Dr. Andersen war nicht in einem Ashram zu Hause. Er war nicht ständig umgeben von spirituellen Menschen, geschmückten Tempeln und einer stillen Atmosphäre. Sondern er bewältigte ein westliches Leben mit unterschiedlichen Verpflichtungen, ähnlich wie es viele andere Menschen auch tun.
Ein Unterschied war jedoch ersichtlich. Er schaffte es, Menschen zu lieben, die nicht unmittelbar zu seiner Familie gehörten und dabei wurde seine Demut, seine Natürlichkeit bemerkbar.

Ich konnte feststellen, dass die Spiritualität von Dr. Andersens einfach war. Sie wurde sichtbar durch die Liebe, die er für seine Mitmenschen empfand. Er ging nämlich davon aus, dass sich jeder Mensch nach seinen besten Möglichkeiten bemühen würde. Darum kam ihm auch nicht ein einziges kritisches Wort über die Lippen.

Ich war beeindruckt und berührt zugleich. Selbst kämpfte ich mit den Tränen, als ich erkannte was für eine große Persönlichkeit ich da vor mir sitzen hatte. Ja, nun wusste ich, es war für mich gut gewesen, diese Reise angetreten zu haben. Ich durfte von diesem grandiosen Mann lernen und insgeheim wollte ich so werden wie er, ein einfacher Mensch, dem es möglich war, zu lieben.

Es war die Zeit gekommen, meine Heimreise anzutreten. Ich verabschiedete mich von diesem

besonderen Mann, den ich nie mehr wieder sehen sollte. Ich wünschte ihm alles Gute und drückte mein Bedauern aus, über seinen gesundheitlichen Zustand.
Lange drückte er meine Hand, blickte mir in die Augen und entließ mich mit den Worten: „Don't worry, the Lord will take care!" „Mache dir keine Sorgen, der Herr passt auf mich auf!"

Der Helm

Eines Tages besuchte ich meine Schwester. Wir hatten wie immer nicht viel Zeit und so plapperten wir uns gegenseitig den Kopf voll, denn jeder von uns beiden wollte seine Neuigkeiten so schnell wie möglich dem anderen vorschwatzen. Wir tranken Tee, lachten und eigentlich hatten wir eine gute Stimmung. Während unseres Herumalberns erhob ich mich aus dem Fauteuil und machte mich auf den Weg zum Badezimmer.

Dabei durchschritt ich den Wohnungsgang, als ich plötzlich erschrak. Ich erstarrte und konnte mich nicht mehr fortbewegen, kein Schritt war mir mehr möglich. Eine Angst erfüllte mich, als hätte ich auf dem Fliesenboden eine Kobra vor mir vorgefunden. Aber da war nichts. Es war sonderbar, ich konnte nichts Außergewöhnliches vor mir erkennen, außer den hellen Fliesenboden und das Tischchen an der Mauer. Ich rief nach Valerie und bat sie schnell einmal herzukommen. „Irgendetwas stimmt hier nicht; ich fühle ich einen Schmerz, eine Traurigkeit", wisperte ich ihr zu, während ich spürte, wie mir ein Schauer über den Rücken lief.

„Eigenartig, du fühlst das auch? Schau, hier auf dem Tisch habe ich den alten Helm hingelegt;

draußen auf einem Feld habe ich ihn gefunden. Ich glaube, er ist aus dem Zweiten Weltkrieg", flüsterte Valerie, als ob uns jemand anderer zuhören konnte. Sie nahm den Helm in ihre Hände, drehte ihn zu mir und da war zu erkennen, dass dieser Stahlhelm einmal von einem Soldaten getragen worden war.

Auf der rechten Schläfenseite waren vier Einschusslöcher und die hatten ihn bestimmt auch getötet. Der Helm war breit, aus Stahl angefertigt und von graubläulicher Farbe. Er war ziemlich groß und eigentlich hätte er heute noch einem Mann passen können. Keine Dellen waren sichtbar und auch so war er nicht beschädigt, mit Ausnahme der Einschusslöcher. Wie versteinert stand ich da und konnte meinen Augen nicht trauen.

„Aber warum verströmt dieser Soldatenhelm, auch wenn er alt ist, so eine unangenehme Stimmung? Es wurden schon viele Helme aus dem Zweiten Weltkrieg gefunden, an denen ist doch eigentlich nichts Besonderes", stammelte ich. Valerie legte den Helm wieder auf den Tisch und erzählte: „Weißt du was mir passiert ist? Ich hatte den Helm ursprünglich in der Küche liegen gehabt. Da saß ich zu Mittag am Tisch und aß meine Suppe, als ich plötzlich ein junges Gesicht im Helm wahrnahm. Es war ein junger Mann, vielleicht nicht älter als zwanzig Jahre und er wirkte sehr traurig. Dann verschwand das Gesicht und seitdem habe ich den Helm hier im Gang auf den kleinen Tisch gelegt."

Ich war verblüfft und hatte das Gefühl, mich zu verhören, aber ich glaubte Valerie. Ich sagte, man müsste versuchen, diesen Geist, der bestimmt einmal ein getöteter Soldat war, zu befreien. Er könnte vielleicht am irdischen körperlichen Leben hängen geblieben sein und dann wäre es ihm nicht möglich gewesen, sein irdisches Leben loszulassen.
Valerie nickte und verstand. Sie meinte, sie kenne ein Medium, das vielleicht helfen könnte, den Geist zu befreien. Sie versuche schon die ganze Zeit, diese Dame telefonisch zu erreichen, aber bisher hatte es nicht geklappt. Ich war erleichtert zu hören, dass schon Hilfe geplant war und damit blieb der Helm auf dem Tischchen liegen. Ich hingegen fuhr zurück nach Wien und vergaß dieses Erlebnis vollkommen.

Einige Wochen später besuchte ich wieder Valerie. Ja, und der Helm war noch immer bei ihr untergebracht. Sie hatte keine Zeit gefunden, sich um den getöteten Soldaten zu kümmern und somit war sein Geist noch nicht erlöst.
Also entschied ich mich kurzer Hand, einzugreifen. Es musste dringend etwas unternommen werden, denn es war fühlbar, dass im Helm ein Geist steckte, der enorm litt. Darum wollte ich den Helm mit nachhause nehmen und ein spirituelles Ritual vollziehen. Valerie brachte eine Karton-

schachtel, die zum Glück geschlossen werden konnte und legte den Helm hinein. Ich dachte mir, wenn es möglich ist, die Schachtel gut zu schließen, dann könnte mir der Geist beim Autofahren auch nichts antun.

Ja, ich gebe es zu, ich hatte ziemlich viel Angst vor der geschlossenen Schachtel. Alle möglichen Dinge schossen mir durch den Kopf, wie, der Geist könnte mich beim Autofahren anspringen oder sich mir zeigen. Dann würde ich vielleicht einen Unfall haben und im Straßenrand landen. Keine Autoversicherung auf Erden hätte mir geglaubt, dass ich unschuldig sei, weil mich zufällig ein Geist abgelenkt hat. Ja, dann hätte man wieder einmal im Zusammenhang mit meiner Person die Psychiatrie genannt, als letzte Rettung.

Nun gut, ich war angespannt, als der Helm gut verpackt im Kofferraum untergebracht war. Es war mir schon ein bisschen bewusst, dass ich mich auf eine heikle Sache eingelassen hatte, denn schließlich hat man ja nicht jeden Tag einen Geist zu Gast, aber ich wollte helfen und somit mutig sein.

Auf der Autobahn wurden meine Befürchtungen war, denn ich bemerkte während des Fahrens, dass ich nicht alleine war. Die Angst saß mir im Nacken und so beobachtete ich die ganze Fahrt über im Rückspiegel die hintere Sitzbank; denn die Präsenz des Soldaten durchdrang meinen

Wagen und so konnte ich ununterbrochen seine Gegenwart fühlen.

Zuhause angekommen, stellte ich Speedy, so tauften Wolfgang und ich unseren Wagen, in der Tiefgarage ab und versuchte mich schleunigst, aus dem Staub zu machen. Ich eilte vom abgestellten Auto davon, denn die riesige Garage unseres Wohnhauses war nur spärlich beleuchtet und nicht gerade einladend, sich länger darin aufzuhalten. Ich wollte so schnell wie möglich, den Lift in die Wohnung erreichen und erst als ich endlich die Wohnungstür hinter mir schloss, beruhigte ich mich. Es war mir unmöglich, die Kartonschachtel aus dem Auto zu holen, denn viel zu sehr gruselte mir.
So musste ich auf Wolfgang warten, der erst später von der Arbeit kam. Noch am selben Abend trug dieser wackere Bursche die Schachtel in die Wohnung und damit waren wir zu dritt.

Meine Freunde, ich gebe es ja zu, ich ängstigte mich sehr. Meine Befürchtungen, den Geist nicht mehr los zu bekommen, verstärkten sich und ich bereute, dass ich mich dazu entschlossen hatte, den Helm mit nachhause zu nehmen. Ununterbrochen kreisten Gedanken des Zweifels in meinem Hirn herum, denn ich war mir nicht mehr so sicher, ob ich dem Ganzen gewachsen war. Konnte ich diesem unglücklichen Soldaten überhaupt helfen? Ich wusste es nicht, aber da er schon von mir eingeladen worden war, musste ich es probieren.

In unserer Wohnküche stand eine Kredenz, auf der ein kleiner Altar eingerichtet war. Da ich ein Fan von allen Weltreligionen bin, fand Buddha seinen Platz neben der Mutter Gottes und Christus wurde neben Ganesha gestellt. Diese unterschiedlichen Statuen und Bilder verströmten eine friedliche Stimmung und mit Kerzen und Räucherstäbchen war diese Kredenz ein echter Hingucker. Nicht lange mussten Wolfgang und ich überlegen. Es war für uns klar, dass mit dem Altar der geeignete Platz gefunden war. Der traurige Geist im Helm wurde mitten unter die heiligen Persönlichkeiten platziert. Nun, unser Besuch war angekommen, aber wie sollte es nun weiter gehen?
Wolfgang war der Ansicht, dass seine Schuldigkeit getan war und zog sich in sein Arbeitszimmer zurück, um sich im Fernsehen Sitcoms anzusehen. Ich fand dies als eine gute Idee, verschob mein spirituelles Ritual auf den nächsten Morgen und folgte ziemlich einsichtig Wolfgang in sein Arbeitszimmer, verschloss die Tür und meinte, ich sollte den Geist jetzt einmal in Ruhe ankommen lassen. Vielleicht müsste er sich erst einmal an die neue Umgebung gewöhnen.

Beim Fernsehen bekam ich Hunger. Ich muss schon sagen, es ist eine ziemlich schlechte Gewohnheit von mir, den ganzen Abend lang den

Kühlschrank zu plündern, aber man gönnt sich ja sonst nichts. Nun, bei mir wird jeden Abend der Kühlschrank zu meinem besten Kumpel, dem ich halt immer wieder einen Besuch abstatte.
Ja, meine Freunde, an und für sich wäre das auch gar nicht so ein Problem, die Küche aufzusuchen, wenn nicht gerade ein Geist im Kerzenlicht anwesend gewesen wäre und traurig auf seine Befreiung gewartet hätte.

Also senkte ich jedes Mal den Blick, wenn ich still und leise den Kühlschrank ansteuerte, damit ich das Gesicht nicht zu sehen bekam. Der Helm lag im Kerzenschein auf der Kredenz, groß und bedrohlich wirkte seine Präsenz. Leise schlich ich in Hüttenpatschen vorbei, sodass mich der Geist nicht hören würde, öffnete den Kühlschrank dessen Licht den Raum kaum merklich erhellte und suchte nach dem Pudding. Leise schloss ich unsere gekühlte Vorratskammer und spürte, dass ich beobachtet wurde. Langsam machte ich mich auf Zehenspitzen wieder auf den Weg Richtung Arbeitszimmer, wo mich Wolfgang schon freudigst erwartete. Ich gebe es ja zu, während der gesamten Zeit musste ich an den Geist denken und so nahm ich mir vor, zeitig in der Früh um fünf Uhr vor Sonnenaufgang, für den Geist zu beten, aber bis dahin wollte ich mich mit den Sitcoms ablenken.

Freibeten, ja das war meine Absicht. Meine Freundinnen, Radha und Heidi, hatten mir diese

Kunst beigebracht. Jeden Mittwoch hatten wir uns bei Julia getroffen und gemeinsam für die Menschheit gebetet. Manchmal haben wir gesungen oder meditiert. Heute im Nachhinein kann ich sagen, dass es wunderbare Abende waren, die ich mit meinen Freundinnen erleben durfte, denn sie haben mich angeleitet, wie ich richtig beten sollte. Dabei spielen die Konzentration und die Gefühle eine wichtige Rolle, vor allem, wenn man aus dem Herzen beten möchte.

Nun war für mich die Sache mit dem Herz gar nicht so einfach. Ich hatte nämlich viel Stress mit meinen weltlichen Gedanken. Kaum betete ich, dachte schon wieder ans Essen, hatte ich dann die Gedanken der Nahrungsaufnahme endlich unter Kontrolle, dachte ich an das Wäsche waschen und die Waschmaschine. Also irgendwie wollten mich die weltlichen Gedanken nicht loslassen, aber mit der Zeit gelang es mir immer besser, an meinen besten Freund ohne Ablenkungen zu denken. Ja, und dann gelang es mir, Hingabe zu empfinden und das Gebet bekam eine Qualität, die so Gott will, erhört wurde.

Nun, der Abend ging vorüber und es wurde Nacht. Bevor ich schlafen ging, plante ich noch den nächsten Morgen, stellte den Wecker ein, vollzog mit Wolfgang das allnächtliche Ritual, nämlich Socken ausziehen lassen und im Bett zugedeckt werden.

Meine Freunde, ihr werdet es nicht glauben, aber dieser Bursche im Helm weckte mich um halb fünf Uhr, bevor der Wecker läutete. Ich schlug meine Augen auf und konnte ihn jammern fühlen. Da wusste ich, dass er mich rief.
So stieg ich aus dem Bett, machte die Schlafzimmertür zu und verschwand kurz im Bad. Ich beeilte mich, putzte meine Zähne und duschte. Endlich war ich super sauber und jetzt konnte es losgehen. Ich schloss die Tür der Wohnküche hinter mir und da war ich mit dem Geist alleine. Ich zündete einige Kerzen an, drehte nur eine schwache Stehlampe auf und da sah ich den Helm im Kerzenschein liegen. Ich hatte Angst, aber ich wollte tapfer sein und setzte mich auf die Couch. Dort hatte ich einen freien Blick auf den Helm, der sich mir gegenüber auf der Kredenz befand.
Ich nahm einen der berühmtesten Psalmen zur Hilfe und begann zu beten: „Der Herr ist des Soldaten Hirte, nichts wird ihm fehlen. Er weidet ihn auf einer grünen Aue und führet ihn zum frischen Wasser...".
So betete ich laut vor mich hin und versuchte mich gleichzeitig, vollkommen auf meinen besten Freund zu konzentrieren und meine Angst zu beherrschen. Ich wusste, der Geist hörte mir zu.

Da hielt ich inne und sagte direkt zu ihm: „Lieber Soldat, du hast Gott und Christus vergessen, aber ich bitte dich, an sie zu denken, dann wirst du frei

sein; habe keine Angst, denke einfach nur den Namen von Christus und du bist frei". Ich wiederholte diesen spontanen Zuspruch immer wieder zwischen den Gebeten. Ich sprach mit dem Geist des Soldaten, als wäre er noch am Leben und sagte ihm, er solle sich nicht vor dem Licht fürchten.
Dann begann ich wieder den Psalm zu beten und spürte, dass es mir gelang, aus dem Herzen zu sprechen.

Da plötzlich geschah es. Der Geist nahm die Hilfe an. Die im Raum allgegenwärtige absolute Stille wurde auf einmal durchbrochen.
„Knacks, knacks, knacks", konnte ich mit meinen eigenen Ohren laut hören. Aus Angst schloss ich meine Augen, denn ich wollte auf keinen Fall den Geist wahrnehmen, denn es war mir möglich, ihn stark zu spüren.
Ich glaube, in diesem Augenblick befreite er sich. Ich wusste instinktiv, dass er mitten in der Wohnküche stand und mich wahrnahm. Ich bat ihn keine Angst vor dem Licht zu haben, das auf ihn zukommen wird und forderte ihn auf, auf unsere Terrasse zu treten, deren Tür ich in weiser Absicht vor dem Gebetsritual geöffnet hatte.
Ich spürte eine Dankbarkeit, die von ihm ausging und dann war er weg. Ich meditierte noch ein paar Minuten und dann beendete ich dieses Ritual.

Also an und für sich könnte man jetzt sagen: „Hey Penelope, das hast du dir alles nur eingebildet. Da war kein Geist, kein trauriger Soldat und du hast nur eine rege Phantasie!" Okay, zugegeben, das kann alles sein. Nehmen wir an, es war alles nur eine Einbildung.

Aber da ist noch etwas zu berichten. Einige Wochen später besuchte mich Valerie und holte ihren Helm ab. Als sie vor dem Altar stand, konnte sie ihren Augen nicht trauen. Sie fragte mich, was ich denn mit dem Helm angestellt hätte; denn der war nicht mehr blaugrau und hatte seine ansehnliche Größe, sondern er war um ein Drittel geschrumpft, verrostet, hatte auf einmal viele Dellen und eine rostbraune Farbe.

Epilog

Ja, meine Freunde, ich habe es geschafft. Nichts besonderes, denn ich bin auch nur ein kleiner einfacher Mensch unter Millionen; aber meinen persönlichen Weg habe ich allemal gefunden.

Das Studium ist nun schon einige Jahre her und es machte mir Spaß, es erfolgreich abzuschließen. Ich arbeite heute im Sozialbereich, so wie ich es mir gewünscht hatte und wenn ich nun rückblickend meine Jahre betrachte, dann erkenne ich, dass mein bester Freund immer an meiner Seite war und mich perfekt führte.

Zugegeben, ich musste mich bemühen und aktiv daran arbeiten; aber was für eine Chance kann das Leben bieten, wenn man alle Möglichkeiten nützt und Durchhaltevermögen entwickelt. Das Leben ist spannend, es beinhaltet viele Herausforderungen, die auch schmerzlich sein können, aber es ist zugleich auch ein phantastisches Spiel, das mich bis heute trotz allen Hindernissen wachsen lässt.

Nun, meine Freunde, es ist so weit; ich verabschiede mich und wünsche Euch das Beste auf euren weiteren Lebensweg. Ich hoffe, mein Buch hat gefallen und vielleicht konnte ich auch so manchen Leser zum Lachen bringen. Falls mir dies gelungen sein sollte, dann ist mein Anliegen erfüllt.

        Euch allen, Alles Gute!

Philippa Brenner wurde 1970 in Ried im Innkreis geboren und verlebte ihre Kindheit in Niederösterreich. Sie studierte an der Universität Wien und erwarb den Magistra der Philosophie an der Fakultät für Human- und Sozialwissenschaften. Im Anschluss daran wurde Philippa Brenner 2011 zur Mediatorin ausgebildet. In ihren bisherigen Berufsjahren war sie als Sozialpädagogin und als Trainerin für Erwachsenenbildung tätig.